古典文獻研究輯刊

三三編

潘美月・杜潔祥 主編

第 11 冊

詩經國風今詁（第三冊）

趙 恩 強 著

國家圖書館出版品預行編目資料

詩經國風今詁（第三冊）／趙恩強 著 -- 初版 -- 新北市：花
木蘭文化事業有限公司，2021〔民 110〕
目 6+148 面；19×26 公分
（古典文獻研究輯刊 三三編；第 11 冊）
ISBN 978-986-518-627-2（精裝）
1. 詩經 2. 研究考訂
011.08   110012076

ISBN-978-986-518-627-2

古典文獻研究輯刊
三三編　第十一冊　　　　　ISBN：978-986-518-627-2

詩經國風今詁（第三冊）

作　　　者　趙恩強
主　　　編　潘美月、杜潔祥
總 編 輯　杜潔祥
副總編輯　楊嘉樂
編　　　輯　許郁翎、張雅淋、潘玟靜　美術編輯　陳逸婷
出　　　版　花木蘭文化事業有限公司
發 行 人　高小娟
聯絡地址　235 新北市中和區中安街七二號十三樓
　　　　　　電話：02-2923-1455／傳真：02-2923-1452
網　　　址　http://www.huamulan.tw 信箱 service@huamulans.com
印　　　刷　普羅文化出版廣告事業
初　　　版　2021 年 9 月
全書字數　693291 字
定　　　價　三三編 36 冊（精裝）台幣 90,000 元

詩經國風今詁（第三冊）

趙恩強 著

目
次

齊　風

　　齊，東方大國。西周初，周武王封姜尚於渤海之濱的營丘，國號為「齊」，其地不足百里。姜尚實行因地制宜的治國政策，使齊國政通人和。《史記·齊太公世家》：「武王已平商而王天下，封師尚父於齊營丘。……太公至國，修政，因其俗，簡其禮，通商工之業，便魚鹽之利，而人民多歸齊，齊為大國。及周成王少時，管、蔡作亂，淮夷畔周，乃使召康公命太公曰：『東至海，西至河，南至穆陵，北至無棣，五侯九伯，實得徵之。』齊由此得征伐，為大國，都營丘。」齊國因有了征伐諸侯的特權，其國土迅速擴張。到齊桓公時，齊國已經擁有了海岱之間的廣大地區。《國語·齊語》說，齊桓公時齊國「地南至於饒（岱）陰，西至於濟，北至於河，東至於紀、酅」。齊地氣候溫暖濕潤，土質較好，依山傍海，多山澤魚鹽之利，桑麻林木豐茂，史稱「膏壤千里」。到了戰國時期，齊國依然「富而實」。《戰國策·齊策》載有蘇秦為趙合縱游說齊宣王的一段話：「齊南有太山，東有琅邪，西有清河，北有渤海，此所謂四塞之國也。齊地方二千里，帶甲數十萬，粟如丘山。齊車之良，五家之兵，疾如錐矢，戰如雷電，解若風雨，即有軍役，未嘗倍（背）太山、絕清河、涉渤海也。臨淄之中七萬戶，臣竊度之，下戶三男子，三七二十一萬，不待發於遠縣，而臨淄之卒固以二十一萬矣。臨淄甚富而實，其民無不吹竽、鼓瑟、擊筑、彈琴、鬥雞、走犬、六博、蹹踘者；臨淄之途，車轂擊，人肩摩，連衽成帷，舉袂成幕，揮汗成雨。家敦而富，志高而揚。」

　　姜太公在齊國「因其俗，簡其禮」，使東夷文化和風習在齊國得以保留和傳承。齊國的風俗習慣異於中原。第一，長女不嫁，主持祭祀。《漢書・地理志》：「始桓公兄襄公淫亂，姑姊妹不嫁，於是令國中民家長女不得嫁，名曰巫兒，為家主祠。嫁者，不利其家。民至今以為俗。」此條記述不確。齊國的民女不嫁，是風俗使然，並非齊襄公政令所致。《春秋公羊傳・哀公六年》：「常之母，有魚菽之祭。」何休《解詁》：「齊俗，婦人首祭事。」第二，行贅婿制。在先秦時期，齊國有贅婿制度。贅婿與長女不嫁是一個問題的兩個方面。贅婿，即就婿，男子就女家生活。這是一種類似走婚制的婚姻現象。《史記・滑稽列傳》：「淳于髡者，齊之贅婿也。」司馬貞《索隱》：「贅婿，猶女之夫也。比於子，如人疣贅，是餘剩之物也。」贅婿的社會地位較低賤。

　　《齊風》共十一篇詩文，其内容涉及婚姻、戀愛、打獵和禮射等方面。

雞鳴

雞既鳴矣〔1〕，朝既盈矣〔2〕。
匪雞則鳴〔3〕，蒼蠅之聲〔4〕。

東方明矣〔5〕，朝既昌矣〔6〕。
匪東方則明〔7〕，月出之光〔8〕。

蟲飛薨薨〔9〕，甘與子同夢〔10〕。
會且歸矣〔11〕，無庶予子憎〔12〕。

【注釋】

〔1〕雞既鳴矣：公雞已經鳴叫了。雞，指公雞。既，已經。公雞打鳴，天快要亮了。

〔2〕朝既盈矣：朝廷上已經站滿了卿大夫。朝，「朝廷」的略語，指國君聽政的場所。高亨《詩經今注》：「朝，朝廷。」朝，君臣早晨相見為朝。廷，堂前的平地。盈，充滿。指朝廷上站滿了卿大夫。朱熹《集傳》：「會朝之臣既已盈矣。」高亨《詩經今注》：「盈，滿也，指上朝的人已滿。」「雞既」至「盈矣」是女子催促夜宿其家的一個大夫起床上早朝的話語。

〔3〕匪雞則鳴：不是雞鳴叫的聲音。匪，非。則，通之。則，精母職部；之，照母之部。精、照准雙聲。職、之對轉。之，語助詞，的。吳昌瑩《經詞衍釋》卷八：「則猶之也。」劉淇《助字辨略》卷五「則」字下：「《詩・國風》：『匪雞則鳴，蒼蠅之聲。』《禮記・學記》：『學者有四失，教者必知人之學也，或失

則多，或失則寡，或失則易，或失則止。此四者，心之莫同也。』此『則』字，語助，猶云『之』也。」

〔4〕蒼蠅之聲：也不是朝中卿大夫們走動和說話的聲音，而是蒼蠅亂飛的聲音。蒼蠅，即青蠅。《小雅·青蠅》：「營營青蠅。」一說，遠處的雞鳴聲似蒼蠅的飛動聲。《毛傳》：「蒼蠅之聲猶似遠雞之鳴。」《韓說》：「雞遠鳴，蠅聲相似也。」「匪雞」至「之聲」是夜宿女家的大夫為了不上早朝而故意說的支吾搪塞之語，是詼諧性的語言。

〔5〕東方明矣：東方的天空已經亮了。明，本義為日、月之明，謂光源。《左傳·昭公二十八年》：「照臨四方曰明。」明，又作「朙」。朙，從囧，從月，謂天亮。《說文》：「朙，照也。從月、囧。」明、朙本是兩個字，皆謂明亮。《說文》「朙」字《段注》：「『從月、囧。』從月者，月以日之光為光也。從囧，取窗牖麗廔闓明之意也。」「月」代表月光，「囧」為窗牖。古人又以天將亮，日未出，而日光已照亮天宇為明。《文選》陸倕《新刻漏銘序》：「昏旦之刻未分。」李善《注》：「《五經要義》曰：『昏，暗也；旦，明也。日入後，漏三刻為昏；日出前，漏三刻為明。』」《尚書·虞書·堯典》「曰暘谷」孔安國《傳》：「暘，明也。」孔穎達《疏》：「日未出前二刻半為明，日入後二刻半為昏。」

〔6〕朝既昌矣：朝上已經站滿了人。昌，盛。《毛傳》：「朝已昌盛。」朱熹《集傳》：「昌，盛也。」此說唱詞中的「昌」與「盈」同義，指朝廷上站立的人很多。「東方」至「昌矣」是女子又一次催促大夫上早朝的話語。

〔7〕匪東方則明：不是東方天明了。

〔8〕月出之光：而是天上的月亮發出來的光。月出，月亮出來。這句仍是大夫的搪塞之語。

〔9〕蟲飛薨薨：朝上的人聲像一群飛蟲在「薨薨」地作響。蟲，指蒼蠅。薨薨，即翃翃，象聲詞，昆蟲群飛聲。參見《周南·螽斯》注〔5〕。正在睡懶覺的大夫把在早朝上的卿大夫們比作一群蒼蠅，諷刺他們只會像蒼蠅一樣嗡嗡地亂飛亂叫，根本提不出有用的治國之策。這句是大夫的恃才自傲之語。

〔10〕甘與子同夢：我願意與你一起做個好夢。甘，通敢。甘、敢皆見母談部字。《阜詩》作「敢」。敢，本義為進取，勇於做事。《說文》：「敢，進取也。」《廣雅·釋詁》：「敢，勇也。」參見《召南·殷其雷》注〔4〕。此說唱詞中「甘」是謙詞，願意之義。子，你。這是大夫稱女子。同夢，一同做夢，即一起睡覺。大夫欲繼續睡懶覺而作此搪塞之語。

〔11〕會且歸矣：朝會將散，上朝的卿大夫們就要回去了。會，朝會。且歸，將歸。
且，通將。且，精母魚部；將，精母陽部。魚、陽對轉。《廣雅·釋言》：「將，
且也。」裴學海《古書虛字集釋》卷八：「將，且也。……按『且』字今有『子
余』『七也』二音，古只有『子余』一音，與『將』為精母雙聲字，又為古韻
魚、陽對轉字。」《呂氏春秋·音律》：「陽氣且泄。」高誘《注》：「且，將也。」
將，副詞，將要。指未然將然的狀態。裴學海《古書虛字集釋》卷八：「將，
幾然、尚未然之辭也。」《邶風·簡兮》：「方將萬舞。」《檜風·匪風》：「誰將
西歸？」《論語·述而》：「不知老之將至。」

〔12〕無庶予子憎：不要讓朝上的眾人都討厭你。無，毋，不要。庶，眾。指眾朝臣。
予子，給予你。予，給予。子，你。憎，憎恨，討厭。女子對大夫說：「不去
上朝就不去吧，免得遲到了讓朝上那麼多人都討厭你。」

【詩旨說解】

《雞鳴》是齊國某位大夫以其現實生活中的一段趣事為題材創作的一篇
供室內娛樂的說唱詞。這篇說唱詞通過某大夫與其情人的三段對話，描述了
男女兩人纏綿的生活片斷。

「雞既鳴矣，朝既盈矣」「東方明矣，朝既昌矣」，這是一個女子催促她
的情人（齊大夫）起床上早朝的話語。「匪雞則鳴，蒼蠅之聲」「匪東方則明，
月出之光」，這是大夫在困倦中為自己不上早朝而說的搪塞之語。「蟲飛薨薨，
甘與子同夢」——大夫繼續找理由不去上早朝。「會且歸矣，無庶予子憎」，
這是女子最後認可了其情人不去上早朝的理由，同意與他一起繼續睡懶覺的
答話。

此說唱詞很像一個幽默短劇的腳本，其逗笑取樂的性質是顯而易見的。
表演這一短劇，須由一人扮演男女兩個角色作二人對話，才有滑稽的趣味。

此說唱詞中的男、女主人公是一對姘居者。此歌詞反映了齊國上層貴族
士大夫階層頹廢散慢的生活，也透露了春秋時期齊國某一階段朝綱鬆弛、政
風散亂的情況。

《毛詩》序：「《雞鳴》，思賢妃也。（齊）哀公荒淫怠慢，故陳賢妃貞女夙
夜警戒相成之道焉。」序說，《女曰雞鳴》是諷刺齊哀公荒疏朝政的詩。但此
歌詞中「會且歸矣」一句，說明齊國國君並未缺席朝會，朝會是正常進行的。
因此，不能說《雞鳴》是諷刺齊哀公的作品。

還

子之還兮〔1〕，遭我乎猺之閒兮〔2〕。
並驅從兩肩兮〔3〕，揖我謂我儇兮〔4〕！

子之茂兮〔5〕，遭我乎猺之道兮〔6〕。
並驅從兩牡兮〔7〕，揖我謂我好兮〔8〕！

子之昌兮〔9〕，遭我乎猺之陽兮〔10〕。
並驅從兩狼兮，揖我謂我臧兮〔11〕！

【注釋】

〔1〕子之還兮：你的樣子真好看呀。子，你。這是樂歌所虛擬的一個人物。還，通
嫙，貌美。還，匣母元部；嫙，邪母元部。匣、邪通轉。《韓詩》作「嫙」。《韓
說》：「嫙，好貌。」《釋文》：「《韓詩》作嫙。嫙，好貌。」《說文》：「嫙，好
也。」《集韻》：「嫙，美謂之嫙。」此歌詞中「還」「茂」「昌」對文，皆言男
子貌美。王引之《經義述聞·毛詩上》「子之還兮」條下：「家大人曰：『《韓詩》
說是也。……「昌」「茂」皆好，則「嫙」亦好也。作「還」者假借字耳。』」
馬瑞辰《通釋》：「據下文『子之茂兮』『子之昌兮』，『茂』『昌』皆為好，則『還』
者『嫙』之假借，從《韓詩》訓好為是。」《魯詩》作「旋」。《漢石經》魯詩
《齊風·還》有一個殘字，剩有其左部「方」。羅振玉《漢熹平石經殘字集錄》
說：「『方』旁，當是『旋』字。旋、還古通用。《釋文》還音旋，《韓詩》作嫙，
據此知《魯詩》作旋也。《十畝之間·釋文》：『還，本亦作旋。』」馬无咎《漢
石經集存》贊同羅說，認為漢魯詩殘碑上遺留的「方」字旁，係《齊風·還》
的「旋」字左半。旋，亦通嫙。旋，邪母元部。還，《齊詩》作「營」。營，通
縈，環繞之義。《說文》：「營，帀居也。」《段注》：「帀居謂圍繞而居，如市營
曰闤，軍壘曰營皆是也。……孫氏星衍曰：『營、闤音近。』」「營」為耕部字，
不協韻。作「營」誤。此歌詞中「子」「我」皆是虛擬的人物。《鄭箋》：「子也，
我也，皆大夫也。俱出田獵而相遭也。」鄭玄以為「子」「我」皆是實指。

〔2〕遭我乎猺之閒兮：你與我相遇在猺山的兩座山頭之間呀。遭，相遇。《韓說》：
「遭，遇也。」《說文》：「遭，遇也。」我，自稱。這是樂歌所虛擬的第二個人
物。猺，齊國都城臨淄南二十里稷山之南的一座山的名稱。《毛傳》：「猺，山
名。」猺，《齊詩》作「巎」。《漢書·地理志》引《齊詩》：「子之營兮，遭我虖
巎之間兮。」段校《說文》：「猺，猺山也。在齊地。」間，指兩座山頭之間。

〔3〕並驅從兩肩兮：我們倆並駕齊驅追趕那兩頭大野豬呀。並驅，兩車並駕齊驅。《鄭箋》：「並，並也。子也，我也，並驅而逐獸。」從，象二人一前一後之形，本義為跟隨。引申為追逐之義。《毛傳》：「從，逐也。」肩，本義為肩膀。《爾雅·釋詁》：「肩，克也。」《說文》：「克，肩也。」徐鍇《繫傳》：「肩，任也。負何之名也。」人的臂膀扛東西的部分稱為「肩」。肩通豜。豜，「豣」的俗字。豣，大野豬。《毛傳》：「獸三歲曰肩。」《韓詩》作「豜」。《韓說》：「獸三歲曰豜。」《說文》：「豣，三歲豕，肩相及者。从豕，开聲。《詩》曰：『並驅從兩豣兮。』」《廣雅·釋獸》：「獸一歲為縱，兩歲為豝，三歲為肩，四歲為特。」《豳風·七月》：「獻豣于公。」

〔4〕揖我謂我儇兮：向我拱手說我好身手呀！揖，拱手行禮。《說文》：「揖，攘也。从手，咠聲。一曰，手箸胸曰揖。」《段注》：「鄭《禮》注云：『推手曰揖。』凡拱其手使前曰揖。凡推手小下之為土揖，推手小舉之為天揖，推手平之為時揖也。」儇，身手敏捷之義。《毛傳》：「儇，利也。」《鄭箋》：「子則揖耦我，謂我『儇』，譽之也。」《孔疏》：「『儇，利』，言其便利馳逐。」一說，「儇」為聰慧義。《說文》：「儇，慧也。」一說，「儇」為美貌義。儇，《韓詩》作「嬛」。嬛通儇。儇，曉母元部；嬛，群母元部。曉、群旁紐。嬛，好、善。《玉篇·女部》：「嬛，好貌。」《釋文》：「儇，《韓詩》作嬛，音權，好貌。」《廣韻·仙韻》：「嬛，美貌。」「儇」字的亻旁與「嬛」字的女旁皆指人，睘、卷音通。《荀子·非相》：「鄉曲之儇子，莫不美麗姚冶。」此歌詞的「儇」字謂青年獵手打獵身手好。

〔5〕子之茂兮：你長得高大又英俊呀。茂，本義為草豐盛。引申為植物茂盛之義。《說文》：「茂，艸豐盛。」《小雅·天保》：「如松柏之茂。」《大雅·良耜》：「黍稷茂止。」茂，又引申為人長相英茂、高大豐滿之義。《毛傳》：「茂，美也。」

〔6〕道：道路。

〔7〕牡：從牛從土，本義為公牛。泛指公禽獸。《說文》：「牡，畜父也。」《邶風·匏有苦葉》：「雉鳴求其牡。」《衛風·碩人》：「四牡有驕。」《豳風·小戎》：「四牡孔阜。」《魯頌·駉》：「駉駉牡馬。」

〔8〕好：指身手好。《鄭箋》：「譽之。言『好』者，以報前言『茂』也。」

〔9〕昌：盛壯。《毛傳》：「昌，盛也。」《鄭箋》：「昌，佼好貌。」參見《鄭風·丰》注〔4〕。

〔10〕猺之陽：猺山的南面。陽，山南為陽。

〔11〕臧：美，善。《毛傳》：「臧，善也。」參見《邶風‧雄雉》注〔15〕。一說，
　　　臧通壯。俞樾《群經平議‧毛詩二》：「此『臧』字則當訓為壯。壯者，盛也。……
　　　臧、壯聲近而義通也。」此歌詞「儇」「好」「臧」對文，是誇讚語，皆謂狩獵
　　　者打獵身手好。

【詩旨說解】

　　《還》是狩獵樂歌歌詞。齊國貴族組織一場大規模的圍獵活動，安排了
兩人合作狩獵的節目。安排這類節目的目的，是培養貴族青年男子禮儀方面
的素質與合作精神，提高其狩獵技能。

　　這篇歌詞虛擬性地描繪了齊國貴族青年男子在臨淄之南的猺山打獵的情
形。英姿勃勃的青年人驅車在猺山打獵，中途兩兩相遇，隨即聯手合作，驅
車追逐野獸，而後各有所獲。在合作狩獵的過程中，他們都展示了非凡的狩
獵技藝，且表現出了彬彬有禮的君子風度。顯然，這篇歌詞全是誇讚性質的
話語。

　　在兩人合作狩獵的項目開始之前，由齊國樂府的樂工在現場演唱《還》
這首樂歌，能起到鼓舞士氣和指導狩獵演練的作用。

著

俟我於著乎而〔1〕！
充耳以素乎而〔2〕！
尚之以瓊華乎而〔3〕！

俟我於庭乎而〔4〕！
充耳以青乎而〔5〕！
尚之以瓊瑩乎而〔6〕！

俟我於堂乎而〔7〕！
充耳以黃乎而〔8〕！
尚之以瓊英乎而〔9〕！

【注釋】

〔1〕俟我於著乎而：你第一次到我的家中邀我時，要在我家的影壁前等候我呀！
　　　俟我，等候、等待我。俟，本為大義。俟通竢。竢，等待。參見《邶風‧靜

女》注〔2〕。《毛傳》:「俟,待也。」我,歌者自稱。「俟我」一詞在今本《毛詩》中三見,其他兩見皆為情歌用語。《邶風‧靜女》:「靜女其姝,俟我於城隅。」《鄭風‧丰》:「子之丰兮,俟我乎巷兮,悔予不送兮。」著,從艸,者聲,本義為以草作標記,即標明之義。《康熙字典》「著」字下:「《管子‧立政篇》:『十二月一著。』《注》:『標著也。』」《左傳‧昭公十一年》:「朝有著定,會有表。」杜預《注》:「著定,朝內列位常處謂之表著。」著通竚、佇。著,端母魚部;竚、佇,定母魚部。端、定旁紐。佇,本義為長時間站立。《說文》:「佇,久立也。」竚,同佇。《楚辭‧九歌‧大司命》:「結桂枝兮延竚。」《玉篇‧立部》:「竚,今作佇。」《集韻‧語韻》:「佇,或作竚。」大門與影壁之間是客人站立等候主人召見的地方,故謂之「著」。《毛傳》:「門、屏之間曰著。」《爾雅‧釋宮》:「門、屏之間謂之寧(佇)。」《荀子‧大略》:「天子外屏,諸侯內屏,禮也。」《淮南子‧主術訓》:「天子外屏,所以自障。」高誘《注》:「屏,樹垣也,門內之垣謂之樹。《論語》曰『國君樹塞門』,諸侯在內,天子在外,故曰『所以自障』也。」《禮記‧郊特牲》:「臺門而旅樹。」鄭玄《注》:「天子外屏,諸侯內屏,大夫以簾,士以帷。」鄭玄的說法不完全對。春秋時期,諸侯級別以下的貴族也建立影壁,只是規格略低而已。《論語‧八佾》:「邦君樹塞門,管氏亦樹塞門。」塞門,即影壁。此歌詞中的「我」乃是一貴族女子的自稱,其家中也樹有「塞門」。乎而,語氣詞。

〔2〕充耳以素乎而:你的充耳上要用潔白的絲線呀!充耳,名詞,男士冠兩邊垂至耳旁的飾物。素,本義為未染色的帛。引申為白色之義。參見《召南‧羔羊》注〔2〕。此句歌詞的「素」指白色的紞,即充耳綴玉的絲線。《鄭箋》:「以素為充耳,謂所以縣(懸)瑱者。或名為瑱。」古代的冠冕兩邊懸有充耳。冠冕兩邊各有一條下垂的絲線,此線稱為「紞」;絲線末端綴有一塊玉,稱為「瑱」。這一整套飾物統稱為「充耳」。宋嚴粲《詩緝》:「充耳以素絲為紞也。紞,懸瑱之繩也。」聞一多《風詩類鈔‧甲》:「素、青、黃,是紞的顏色。」一說,「素」指白色的玉或象牙飾品。《毛傳》:「素,象瑱。」

〔3〕尚之以瓊華:上面要綴一塊美玉呀!尚,在上面增加。朱熹《集傳》:「尚,加也。」《廣雅‧釋詁》:「尚,加也。」之,語助詞。瓊華,美玉。瓊,本為美玉之名。《說文》:「瓊,亦玉也。」《衛風‧木瓜》:「報之以瓊琚。」《毛傳》:「瓊,玉之美者。」古人常以「瓊」作為形容詞以形容美的物品。華,花的本

字。它作為形容詞，形容玉色美。「瓊華」指美玉。一說，「瓊華」為美石。《毛傳》：「瓊華，美石。士之服也。」玉石充耳是貴族的佩飾。士一級的人佩帶美石。

〔4〕俟我於庭乎而：你第二次到我家邀我時，要在我家庭院的中央等候我呀！庭，本義為宮室內的空地。庭通廷。廷，院內正房至影壁之間的空地，又稱「天井」。參見《邶風・簡兮》注〔6〕。

〔5〕青：本義為草木的綠色。《爾雅・釋器》：「青謂之蔥。」《釋名・釋彩帛》：「青，生也，象物生時色也。」此歌詞中的「青」字指青色的絲紞。《鄭箋》：「青，紞之青。」一說，「青」指青色的玉。《毛傳》：「青，青玉。」

〔6〕瓊瑩：美玉。瑩，玉色。玉有光彩，故謂之「瑩」。《說文》：「瑩，玉色。」一說，「瓊瑩」為似玉之石。《毛傳》：「瓊瑩，石似玉。」

〔7〕俟我於堂乎而：你第三次到我家邀我時，要在我家的堂下等候呀！堂，廳堂，正房。此指堂前。

〔8〕黃：此指黃色的紞。《鄭箋》：「黃，紞之黃。」一說為黃色的玉。《毛傳》：「黃，黃玉。」

〔9〕瓊英：美玉。英，花。「瓊英」即「瓊華」。《鄭箋》：「瓊英，猶瓊華也。」「瓊華」「瓊瑩」「瓊英」構詞方法相同，詞義相近，皆指有光彩的美玉。一說，「英」是「瑛」的通假字。朱駿聲《說文通訓定聲・壯部》：「英，假借為『瑛』。《詩・著》：『尚之以瓊英乎而。』」瑛，玉的光彩。《說文》：「瑛，玉光也。」一說，「瓊英」指美石。《毛傳》：「瓊英，美石似玉者。」

【詩旨說解】

　　《著》是婚戀情歌歌詞。在婚戀集會上，一個貴族青年女子與一個貴族青年男子相愛了，臨別時，女子用一支情歌來表達她想「私奔成婚」的意願。她希望這個男子到她的家中去邀三次，並且要次第更換帽飾，打扮得漂漂亮亮，體面地接她私奔。齊國的私奔成婚，並不是偷偷摸摸地進行。所以，女子很注重她的婚戀對象的形象美。

　　齊國的男子與女子私奔，男子要到女方家中邀請女子三次。這與鄭國的婚戀風俗略同。

東方之日

東方之日兮〔1〕！
彼姝者子〔2〕，在我室兮〔3〕。
在我室兮，履我即兮〔4〕。

東方之月兮〔5〕！
彼姝者子，在我闥兮〔6〕。
在我闥兮，履我發兮〔7〕。

【注釋】

〔1〕東方之日兮：她真像東方升起的一輪紅日啊！日，象形字，太陽。《韓說》：「詩人言所說（悅）者顏色盛美如東方之日。」馬瑞辰《通釋》：「古人喻人顏色之美，多取譬於日月。」曹植《美女篇》：「容華耀朝日，誰不希令顏？」宋玉《神女賦》謂巫山神女：「其始來也，耀乎若白日初出照屋樑；其少進也，皎若明月舒其光。」早晨東方杏紅色的太陽和夜晚又圓又明的月亮，是讓人感到很美的事物。此歌詞中的男主人公見到美女而驚呼日月，借日月以讚美女子。

〔2〕彼姝者子：那個美麗的女子。彼，另一方，那個。指眼前所見的那個人。姝者子，美麗的女子。姝，俊美，美麗。《邶風·靜女》：「靜女其姝。」《毛傳》：「姝，美色也。」者，語助詞。子，指女子。

〔3〕在我室兮：來到我的室內了呀。我，此歌詞中男主人公的自稱。室，居室。參見《鄭風·東門之墠》注〔6〕。

〔4〕履我即兮：踩上了我的膝呀。履，本義為踐踏。《魏風·葛屨》：「糾糾葛屨，可以履霜？」《小雅·小旻》：「如履薄冰。」《大雅·生民》：「履帝武敏。」《莊子·養生主》：「足之所履。」此歌詞中的「履」為踩、躡之義。即，通卩。即，精母質部；卩，心母質部。精、心旁紐。卩，膝關節。《說文》：「卩，脛頭卩也。」楊樹達《積微居小學述林》卷六「《詩》『履我即兮履我發兮』解」：「卩則卩之象形初文。……卩乃卩之後起加聲旁字耳。」卩，俗字作「膝」。「履我即」是變相的說法，並不是女子真的踩住了男子的膝部，而是說女子從前面攀摟住了男子的頸部，二人相向，親昵嬉戲。

〔5〕東方之月兮：她真像從東方出來的一輪明月呀！月，月亮。農曆每月十五日前後，月亮又圓又大，很美。《陳風·月出》「月出皎兮」「月出皓兮」，亦是讚美女子之語。

〔6〕闥：小門。指臥室的門。

〔7〕履我發兮：踩住我的腳後跟了呀。發，通跋。發，幫母月部；跋，並母月部。幫、并旁紐。跋，腳。楊樹達《積微居小學述林》卷六「《詩》『履我即兮履我發兮』解」：「『履我發』者，謂踐我足也。《禮記·曲禮上》：「燭不見跋。」鄭玄《注》：「跋，本也。」燭，謂插燃的火炬。跋，謂燭燃燒將盡所剩餘的部分。《文選》何晏《景福殿賦》：「金楹齊列，玉舃承跋。」跋，謂楹柱的下端，故由「玉舃」（漢白石）承之。《小爾雅·廣言》：「跋，本也。」朱駿聲《說文通訓定聲·泰部》：「題者，額也，猶端也；跋者，足也，猶茇也。」此歌詞中「發」與「即」對文，「發」指腳後跟。「履我發」也是變相的說法，是女子從男子的身後攀摟嬉戲，並不是女子真的踩住了男子的腳後跟。

【詩旨說解】

《東方之日》是一個大夫所唱的風流小曲的唱詞。此歌詞敘述了這樣一個故事：一個女子到一個大夫的居處（此或是家外的別室）中與其相會，他們在室內一起嬉戲玩耍，女子表現得調皮可愛。這次相會，讓大夫非常愜意。女子離開以後，他情不自禁地哼唱出了《東方之日》這支小曲兒，來表達他的歡娛之情。

《東方之日》這首室內消遣樂歌，表達了齊大夫的歡娛心情，也反映了齊國士大夫的風流生活。大夫到他的情人家中夜宿，或者女子到大夫家中與其私會，是春秋時期齊國的社會現象。《齊風》中的《雞鳴》《東方之日》《東方未明》三篇作品都反映了這種現象。

東方未明

東方未明〔1〕，顛倒衣裳〔2〕。
顛之倒之〔3〕，自公召之〔4〕。

東方未晞〔5〕，顛倒裳衣〔6〕。
倒之顛之，自公令之〔7〕。

折柳樊圃〔8〕，狂夫瞿瞿〔9〕。
不能辰夜〔10〕，不夙則莫〔11〕！

【注釋】

〔1〕東方未明：東方的天空還沒有發亮。未明，黎明之前天尚黑暗。明，黎明。參見《雞鳴》注〔5〕。

〔2〕顛倒衣裳：起床時我把衣、裳都穿顛倒了。顛倒，本義為頭朝下倒地。引申為位次易換、倒置之義。衣，上衣。裳，下衣。《毛傳》：「上曰衣，下曰裳。」「顛倒衣裳」指錯拿了衣、裳。想穿上衣時，卻拿了裳來穿。這是人緊急慌亂地穿衣時出現的一種情形。

〔3〕顛之倒之：顛倒過來又顛倒過去。之，語助詞。

〔4〕自公召之：是因為國君有事召喚得急。自，從。《鄭箋》：「自，從也。」公，公室。指齊國朝廷。召，召喚。此指國君下達的命令。大夫謊稱國君有命令讓他早起去幹某件事情。之，語助詞。

〔5〕晞：本義為曬乾。《說文》：「晞，乾也。」《小雅·湛露》：「湛湛露斯，匪陽不晞。」《毛傳》：「陽，日也。晞，乾也。」晞通昕。晞，曉母微部；昕，曉母文部。微、文對轉。《廣雅·釋詁》：「昕，明也。」王念孫《疏證》：「晞與昕聲近義同。」馬瑞辰《通釋》：「『晞』者，『昕』之假借。……『晞』與『昕』一聲之轉，故通用。」清任大椿《小學鉤沉·纂要》：「日昕曰晞。」昕，日將出貌。《毛傳》：「晞，明之始陞。」《說文》：「昕，旦明，日將出也。從日，斤聲。讀若希。」《玉篇·日部》：「晞，明不明之際也。」

〔6〕裳衣：同「衣裳」。這是作者為協韻而顛倒了詞序。

〔7〕令：命令、安排。此謂國君的命令。《毛傳》：「令，告也。」告，告知。

〔8〕折柳樊圃：折下柳樹的枝條來紮菜園的籬笆。折柳，折取柳樹的枝條。柳，柳樹。柳樹的枝條柔軟。《毛傳》：「柳，柔脆之木。」《大戴禮·夏小正》：「正月，柳稊。」《埤雅·釋木》「柳」字下：「柳柔脆易生之木，與楊同類。」《本草綱目·木部·柳》：「時珍曰：柳枝弱而垂流，故謂之柳。」樊圃，紮菜園的籬笆。樊，同「棥」，籬笆。《說文》：「棥，藩也。」此歌詞中「樊」用為動詞，紮籬笆。圃，種菜的園子。《周禮·地官·載師》：「以場圃任園地。」鄭玄《注》：「圃，種果蓏之屬。季秋，於其中為場。樊圃謂之園。」《毛傳》：「樊，藩也。圃，菜園也。折柳以為藩園，無益於禁矣。」用柔軟的柳樹枝條編成菜園子的籬笆牆，根本不能擋住外人進入園圃內。用棘條紮籬笆，才能防止外人隨便進入菜園。「折柳樊圃」蓋為齊國俗語。此句歌詞的真實意思是：用謊言來掩蓋事情真相，是徒勞的。

〔9〕狂夫瞿瞿：你這個壞男人總是用眼睛瞪我瞅我。狂夫，壞男人。《商君書・更
　　法》：「狂夫樂之，賢者喪焉。」「狂夫」與「賢者」對文，其義甚明。瞿瞿，
　　瞪視且左右瞅的樣子。瞿，本作「䀠」，左右看視之義。《說文》：「䀠，左右視
　　也。」《段注》：「凡《詩》齊風、唐風，《禮記》檀弓、曾子問、雜記、玉藻或
　　言『瞿』，或言『瞿瞿』，蓋皆『䀠』之假借。『瞿』行而『䀠』廢矣。」瞿，
　　又有瞪視之義。《荀子・非十二子》「瞿瞿然」楊倞《注》：「瞿瞿，瞪視之貌。」
　　女子報怨大夫早早地就離開她的住室。大夫聽了女子的報怨聲，很不快意，於
　　是用眼睛瞪視恐嚇她，且其目光游移，表現出一副狡猾不可相信的樣子。女子
　　不吃他這一套，所以罵他「狂夫瞿瞿」。

〔10〕不能辰夜：你不能在我這裡好好地過完一夜。辰夜，即晨夜，夜間至早晨。此
　　指一個完整的夜晚。辰，「蜃」的本字，大蛤蚌。大蛤的殼經磨製可作為農具。
　　辰通晨、晨。辰、晨、晨皆禪母文部字。晨，從臼從辰，辰亦聲，象雙手持一
　　片蚌殼之形，會起早下田幹農活之意。引申為早晨之義。《說文》：「晨，早昧
　　爽也。」昧爽，黎明。晨，本作「晨」，星名。從晶，辰聲。一名「房星」，一
　　名「天駟星」，一名「農祥星」。它是中國古代天文學二十八宿中東方蒼龍七宿
　　的第四宿。《國語・周語・虢文公諫宣王不藉千畝》：「農祥晨正。」韋昭《注》：
　　「農祥，房星也。晨正，謂立春之日，晨中於午也。」《說文》：「晨，房星，
　　為民田時者。从晶，辰聲。晨，晨或省。」上古時天象，立春之日黎明時分房
　　星正處在南中天的位置。立春之後，農人就要開始忙新一年的農事了。司星人
　　在早晨天亮之前觀察晨星在天空的位置，故「晨」字又引申出早晨之義。夜，
　　日入為夜。參見《召南・采蘩》注〔8〕。

〔11〕不夙則莫：不是天不亮就走就是天很晚才過來。夙，早晨天還不亮時。參見
　　《召南・采蘩》注〔8〕。則，即，就，就是。莫，字象日落入草莽中，晚、夜
　　之義。日落入地為莫。莫、暮古今字。《說文》：「莫，日且冥也。從日，在茻
　　中。」《禮記・聘義》：「日莫人倦。」此句唱詞的「莫」則指夜深之時。《毛傳》：
　　「夙，早。莫，晚也。」女子責備大夫經常早走晚來。

【詩旨說解】

　　《東方未明》是一個大夫所唱的自娛自樂小曲的唱詞。齊國某大夫經常
在一個女子的住處夜宿，總是編造理由早走晚來。他的這種行為，引起了女
子的不滿。這一天天未明，他為了早上朝，又哼著小調說謊話，編造離開的
理由，還用賊溜溜的眼睛惡狠狠地瞪視女子，示以威脅。見此情形，女子很

生氣，於是就用「折柳樊圃，狂夫瞿瞿。不能辰夜，不夙則莫」的話語來責罵他。這個大夫滿足於與情人夜宿的風流生活，對女子的責罵不僅不氣惱，反而感到很愜意。天微明，他早早地上路了。在路上，他心中高興，就把起床時他所哼唱的小調及女子的一段罵語編成小曲，油腔滑調地哼唱起來，自娛自樂。

此唱詞第一、二章本是大夫早晨起床時所哼的小曲。在上朝的路上，他又將這個小曲哼唱了一遍；第三章是女子責罵大夫的一段話語。在路上，他充當一個反串的角色，將女子的罵詞也哼唱了一遍，自得其樂。

此歌詞反映了一對男女在同居生活中發生的一個齟齬事件。這個生活事件，好像一齣喜劇。劇中有兩個角色，一個是行為古怪、貪圖風流又不負責任的貴族大夫，另一個是聰明潑辣的女子。

《東方未明》和《雞鳴》都是反映齊國大夫風流生活的詩篇。《雞鳴》篇中的那個大夫，貪戀風流生活，其性格粗疏傲慢，懈怠公事；《東方未明》篇中的這個大夫，一樣地貪戀風流生活，但其性格十分地詭異狡猾，極端地自私而又處事小心。《東方未明》篇中的女子對夜宿其住處的大夫的態度，與《雞鳴》篇中的女子對夜宿其住處的大夫的態度截然相反。《雞鳴》篇中的女子擔心大夫因貪圖享受同居的生活而荒疏朝政，趕齊大夫上朝；《東方未明》中的女子則報怨齊大夫早出晚歸，擔心他們二人的共同生活被荒廢了，把大夫往住所裏留。

南山

南山崔崔〔1〕，雄狐綏綏〔2〕。
魯道有蕩〔3〕，齊子由歸〔4〕。
既曰歸止〔5〕，曷又懷止〔6〕？

葛屨五兩〔7〕，冠緌雙止〔8〕。
魯道有蕩，齊子庸止〔9〕。
既曰庸止，曷又從止〔10〕？

蓺麻如之何〔11〕？衡從其畝〔12〕。
取妻如之何〔13〕？必告父母〔14〕。
既曰告止，曷又鞠止〔15〕？

析薪如之何〔16〕？匪斧不克〔17〕。
取妻如之何？匪媒不得〔18〕。
既曰得止〔19〕，曷又極止〔20〕？

【注釋】

〔1〕南山崔崔：城南有一座高高的山。南山，齊國的一座山，即牛山。此山在齊都臨淄城之南約十四里。《毛傳》：「南山，齊南山也。」《孟子·告子上》：「牛山之木嘗美矣。」《晏子春秋·內篇·諫上》：「景公遊於牛山，北臨其國城而流涕曰：『若何滂滂去此而死乎！』。」陳奐《傳疏》：「南山，即《孟子》之『牛山』。」在春秋戰國時期，牛山上樹木豐茂，是齊國人的遊玩之地。崔崔，即崔嵬，山勢高峻貌。《毛傳》：「崔崔，高大也。」《說文》：「崔，大高也。」土曰堆，山曰崔。「崔崔」是誇張之語。

〔2〕雄狐綏綏：有一隻雄狐狸在那裡緩緩地行走。雄狐，雄性狐狸。綏綏，形容詞，緩緩而行的樣子。參見《衛風·有狐》注〔1〕。此歌詞把雄狐比為男性求偶者。以狐喻人，並非貶意。《衛風·有狐》：「有狐綏綏，在彼淇梁。」《邶風·北風》：「莫赤匪狐。莫黑匪烏。惠而好我，攜手同車。」春秋時期，把雄狐比作男性求偶者，是一種通俗化的說法。「雄狐綏綏」的言外之意，是說魯國的貴族男子已向齊國求婚了。《毛傳》：「國君尊嚴，如南山崔崔然。雄狐相隨，綏綏然無別，失陰陽之匹。」毛亨認為，《南山》的內容與齊君的婚姻相關。《鄭箋》：「雄狐行求匹耦於南山之上，形貌綏綏然。興者，喻襄公居人君之尊而為淫洗之行，其威儀可恥惡如狐。」鄭玄以為《南山》是諷刺齊襄公的詩。

〔3〕魯道有蕩：通往魯國的道路又寬闊又平坦。魯道，齊國通往魯國的大道。有蕩，即蕩蕩，形容道路長而平坦的樣子。《毛傳》：「蕩，平易也。」《楚辭·九歎·離世》：「路蕩蕩其無人兮。」王逸《注》：「蕩蕩，平易貌也。」王先謙《集疏》：「有蕩，猶蕩蕩也。」蕩通場。蕩、場皆定母陽部字。朱駿聲《說文通訓定聲·壯部》：「蕩，假借為『場』。詩《南山》：『魯道有蕩。』」場，平坦之地。引申為平坦之義。《漢書·高帝紀》：「漢王齋戒設壇場。」顏師古《注》：「除地為場。」《豳風·七月》：「九月築場圃。」場，又指平坦的道路。《爾雅·釋宮》：「場，道也。」齊、魯兩國的交通主道是經人力整修的，很平坦。「場」與「坦」義近。《廣雅·釋訓》：「坦坦，平也。」《玉篇·土部》：「坦，寬貌。」《易·履卦》：「履道坦坦。」孔穎達《疏》：「坦坦，平易之貌。」《論語·述而》：「君子坦蕩蕩。」朱熹《論語集注》：「坦，平也。」

〔4〕齊子由歸：齊國國君之女將從這條大道上嫁往魯國。齊子，齊國國君之女。由，「冑」字的古體，本義為頭盔。由通邎。由、邎皆喻母幽部字。邎，從，經過。《說文》：「邎，行邎徑也。」徐灝《注箋》：「邎，與由同。」歸，出嫁。

〔5〕既曰歸止：既然她已經嫁給英俊的魯君了。既，既然。曰，語助詞。止，通之、哉，語氣詞。止、之，照母之部；哉，精母之部。照、精準雙聲。下同。此句假設齊女已經出嫁。

〔6〕曷又懷止：為什麼我們還要掛念她呢？曷，通何，為什麼。懷，懷念、思念、掛念。《毛傳》：「懷，思也。」這句歌詞是自問語氣。它表達了齊國貴族對「齊子」依依不捨的心情。此樂歌各章末句的其意思相同。

〔7〕葛屨五兩：一雙葛鞋繫在一起不能分開。葛屨，用葛繩撑編而成的鞋子，夏天穿用。詳見《魏風・葛屨》注〔1〕。在周代，貴族也普遍穿葛屨。《周禮・天官・屨人》：「屨人掌王及后之服屨。為赤舄、黑舄……素屨，葛屨。」《魏風・葛屨》：「糾糾葛屨，可以履霜？」《小雅・大東》：「糾糾葛屨，可以履霜？佻佻公子，行彼周行。」五兩，即互兩。用繩帶將成對的兩雙鞋子交互連在一起，稱為「互兩」。五，本義為交互。參見《召南・羔羊》注〔2〕、《秦風・小戎》注〔2〕。兩，古體作「网」，數量詞。參見《召南・鵲巢》注〔4〕。兩通緉。兩、緉皆來母陽部字。緉，一雙鞋子。《說文》：「緉，履网枚也。」《段注》：「《齊風》：『葛屨五网。』屨必网而後成其用也，是謂之『緉』。」此歌詞中的「葛屨」是魯國國君魯莊公來齊國親迎送給齊國女方的禮物。諸侯通婚，男方送給女方的親迎禮物中有「屨二兩加琮」。《說苑・修文》：「夏，公（魯莊公）如齊逆女，何以書？親迎禮也。其禮奈何？曰：諸侯以屨二兩加琮，大夫、庶人以屨二兩加束脩二。曰：『某國寡小君，使寡人奉不珍之琮，不珍之屨，禮夫人貞女。』夫人曰：『有幽室數辱之產，未諭於傅母之教，得承執衣裳之事，敢不敬拜祝？』祝答拜。夫人受琮，取一兩屨以履女，正笄衣裳而命之曰：『往矣，善事爾舅姑，以順為宮室，無二爾心，無敢回也。』女拜，乃親引其手，授夫乎戶。夫引手出戶。夫行，女從。拜辭父於堂，拜諸母於大門。夫先升與執轡，女乃升輿。轂三轉，然後夫下，先行。大夫、士、庶人稱其父曰：『某之父，某之師友，使其執不珍之屨，不珍之束脩，敢不敬禮某氏貞女。』母曰：『有草茅之產，未習於織紝紡績之事，得奉執箕帚之事，敢不敬拜？』」「一兩」即一雙鞋子。魯君「如齊逆女」，送來一宗禮物，齊君夫人收下了禮物，並親自把一雙鞋子給其女兒穿在腳上。《戰國策・趙策四・觸龍說趙太后》：「媼之

送燕後也，持其踵為之泣，念悲其遠也，亦哀之矣。」趙太后送其女兒出嫁時「持其踵」，也是在為其女兒穿出嫁的鞋。此歌詞的「葛屨五兩」與《說苑》所述魯君到齊國迎親送禮物「屨二兩」之事相合。這次齊國嫁女是在夏天，故魯國送給齊女的鞋子是「葛屨」。《說苑》所述或有小疵，但親迎送禮的大致情況可信。

〔8〕冠緌雙止：帽帶子也是兩條繫在一起的。冠，帽子。冠可能是女方送給男方的成婚禮物。緌，帽帶子繫結於下巴，帶子下垂的部分稱「緌」。《說文》：「緌，繫冠纓㇏（垂）者。」《段注》：「垂其餘則為緌。」此歌詞中的「緌」指帽帶子。雙，成雙。帽子上的繫帶有兩條。兩條冠帶緊緊地繫在頷下，帽子才能戴得牢。這句歌詞說，不管是腳下的「葛屨」，還是頭上的「冠緌」，都是成雙成對的。其言外之意是說，男大當婚女大當嫁，男女結婚是天經地義的事情。

〔9〕齊子庸止：齊君之女將隨從魯君從這條大道上嫁往魯國。庸，通由、邎。庸，喻母東部；由、邎，喻母幽部。東、幽旁對轉。由，從，經。

〔10〕何又從止：為什麼又派了這麼多的隨從呢？從，動詞，派遣隨從。「齊子」嫁往魯國，有許多隨媵和送親者跟從。他們共同組成了一支龐大的送親隊伍。這句樂歌也是自問語氣。它表達了齊國人對所嫁女備加關懷的心情。

〔11〕藝麻如之何：種麻應該怎樣做？藝，本義為種植。《毛傳》：「藝，樹也。」《大雅·生民》：「藝之荏菽，荏菽施施。」《禮記·坊記》引《詩》：「藝麻如之何？」孔穎達《疏》：「藝，種也。」《釋文》：「藝，本或作蓺。」麻，此指檾麻。齊國官府倡導種植檾麻。《管子·立政》：「桑麻植於野，五穀宜其地，國之富也。」《史記·貨殖列傳》：「齊帶山海，好壤千里，宜桑麻。」「齊、魯千畝桑麻。」如之何，即如何，怎麼辦。下同。

〔12〕衡從其畝：應當在東西向和南北向的大田裏種植。衡從，東西方向和南北方向。《集韻·鍾韻》：「東西曰衡，南北曰從。」衡從，俗作「橫縱」。《齊詩》作「橫從」，《韓詩》作「橫由」。《韓說》：「東西耕曰衡，南北耕曰由。」由，通從、縱。從，從母東部；縱，精母東部。喻母與從、精母準旁紐，幽、東旁對轉。大田封壃凡南北方向的地塊，田地旁邊有南北向的排水溝；封壃凡東西方向的地塊，有東西向的排水溝。一說，「衡從」是橫縱踐踏。《毛傳》：「衡獵之，從獵之，種之然後得麻。」獵通躐。獵、躐皆來母盍部字。躐，踐踏。蓋古時種麻，先將田治平踏實。畝，古文作「晦」，或作「畮」，土地

計量單位。《說文》:「畮,六尺為步,步百為畮。从田,每聲。畝,畮或从田、十、久。」《周禮·王制》:「方一里者為田九百畮,謂方里而井。」秦、漢制則二百四十步為畝。「橫縱其畝」指東西方向及南北方向的面積規整、地力優良的大田,即良田。此句歌詞用在規整的良田裏種植檾麻,比喻辦理婚姻大事莊重有法度。

〔13〕取妻如之何:娶妻應當怎麼辦?取,從又從耳,本義為用手割取敵方戰死者的耳朵。古代戰爭以獲敵耳計數獻功。田獵獻功亦如之。引申為拿來、移來、引來之義。《周禮·夏官司·大司馬》:「大獸公之,小獸私之,獲者取左耳。」取通娶。取、娶皆清母侯部字。娶,接新婦。《說文》:「娶,取婦也。」《段注》:「取彼之女為我之婦也。經典多叚取為娶。」取,《韓詩》作「娶」。《韓說》:「娶,取婦也。」《魯詩》亦作「娶」。《齊詩》作「取」,與今本《毛詩》同。

〔14〕必告父母:一定要先告訴自己的父母。告,報告,告知。婚姻是大事。男子娶妻要告知健在的父母,或告於父母之廟。父母,此謂魯莊公的父母。其母姜氏為生者。其父桓公已故,須告父廟。一說,「父母」謂死者。《毛傳》:「必告父母廟。」《鄭箋》:「取妻之禮,議於生者,卜於死者。此之謂告。」春秋時期,貴族的婚姻大事須經父母點頭認可,跨國婚姻亦不例外。「告父母」是一種嚴格的禮法制度,父母生者死者皆須告之。《周南·汝墳》:「父母孔邇。」《鄭風·將仲子》:「畏我父母。」

〔15〕鞠:本義為皮革製作的一種足球,嬉戲之具,後用作練兵的器材。《說文》:「鞠,蹋鞠也。」徐鍇《繫傳》:「按蹋鞠以革為圜囊,實以毛,蹴蹋為戲,亦曰蹋鞠。」劉向《七略·諸子略·蹴鞠新書》佚文:「蹴鞠者,傳言皇帝所作,或曰起戰國之時。《記》云黃帝也。蹴,亦蹋也。蹋鞠,兵勢也,所以練武士,知有才也,皆因嬉戲而講習之。」《文選》曹植《名都篇》:「連翩擊鞠壤。」李善《注》引郭璞《三蒼解詁》曰:「鞠,毛丸,可蹋戲。」戰國時齊國都城裏有蹋鞠活動。《史記·蘇秦列傳》:「臨淄甚富而實,其民無不吹竽、鼓瑟、彈琴、擊筑、鬥雞、走狗、六博、蹋鞠者。」此句歌詞的「鞠」字通「告」。鞠、告皆見母覺部字。《玉篇·革部》:「鞠,告也。」《廣韻·屋部》:「鞠,告也。」《小雅·采芑》:「陳師鞠旅。」《毛傳》:「鞠,告也。」《禮記·文王世子》:「告于甸人。」鄭玄《注》:「告讀為鞠。」此句歌詞前說「告」,後說「鞠」,「告」是指魯君告其父廟,「鞠」是指新婦告其夫家的祖廟。春秋時期貴族有新婦「三月廟見」之禮,新婦入夫家,滿三個月須到其夫家的祖廟裏告廟。若

未告祖廟，則屬於沒有完婚，其名分就得不到承認。這句樂歌意在提醒「齊子」，要牢記「廟見之禮」的重要性，婚姻大事馬虎不得。

〔16〕析薪如之何：砍柴應當怎麼辦？析薪，砍柴。析，從木從斤，用斧子劈木。《說文》：「析，破木也。一曰折也。从木从斤。」此歌詞中「析」字用為砍斫樹木之義，不作「劈」解。《左傳·昭公七年》：「古人有言曰：『其父析薪，其子弗克負荷。』」一個壯年人一晌所砍的柴，一個小孩子一次背不走。這是講的一個老俗理。其「析薪」為砍柴義甚明。《禮記·坊記》引《詩》：「伐柯如之何？匪斧不克。取妻如之何？匪媒不得。蓺麻如之何？橫從其畝。取妻如之何？必告父母。」《禮記》所引《詩》的章次及詩文與今本《毛詩》不同，蓋為三家《詩》或遺詩。王先謙《集疏》認為《坊記》引《詩》繫《齊詩》。「析薪」二字，《齊詩》作「伐柯」。伐柯，即析薪，砍柴之義。《豳風·伐柯》：「伐柯如何？匪斧不克。取妻如何？匪媒不得。」

〔17〕匪斧不克：不用斧頭沒法砍。匪，通非，不，沒有。斧，斧子。不克，不能。《毛傳》：「克，能也。」《爾雅·釋言》：「克，能也。」《說文》：「克，肩也。」《段注》：「肩謂任，任事以肩。故任謂之肩，亦謂之克。」

〔18〕非媒不得：沒有媒人難成親。媒，媒人。不得，不能得到，即娶不成。「非媒不得」大概是春秋時期在貴族間流行的一種說法，此時貴族階層已普遍反對自由婚戀。

〔19〕既曰得止：既然已經有了媒人說親。得止，即得之。得到了媒人，即有媒人說親。

〔20〕何又極止：魯君為什麼又到齊國來親迎？極，通及。極，群母職部；及，群母緝部。職、緝通轉。及，到。《毛傳》：「極，至也。」《爾雅·釋詁》：「極，至也。」《廣雅·釋詁》：「及，至也。」《廣韻·緝韻》：「及，至也。」《文選》張衡《東京賦》：「馬足未極，輿徒不勞。」西周婚姻禮制，王不親迎，諸侯以下皆親迎。《公羊傳·莊公二十四年》：「夏，公如齊逆女。何以書？親迎，禮也。」《公羊傳》所謂的「禮」，是指西周古禮。春秋時期，諸侯國國君娶妻一般不親迎了。據《春秋》和《左傳》記載，魯隱公二年，紀國派其大夫裂繻到魯國迎娶伯姬，紀侯未親迎；魯桓公三年，魯國派公子翬到齊國迎娶，魯桓公未親迎；魯莊公元年，王姬嫁齊，齊襄公未親迎；魯宣公元年，魯國派公子遂到齊國迎娶，魯宣公未親迎。春秋時期，國君親迎是一種破格的做法。《春秋·莊公二十四年》：「夏，公如齊逆女。秋，公至自齊。八月丁丑，夫人姜氏入。」

為了表示對齊國尊重，魯莊公親自到齊國迎娶哀姜。此樂歌第四章是齊國人對魯國迎親者的讚譽之辭，意思是說魯莊公帶著大批人馬前來齊國親迎，禮數甚足。

【詩旨說解】

《南山》是齊君嫁女辭廟樂歌的歌詞。

此歌詞第一、二章的中心意思是安慰出嫁者。「南山崔崔，雄狐綏綏」是說魯國人前來齊國親迎了；「葛屨五兩，冠緌雙止」是強調男女結婚是天經地義之事；「魯道有蕩，齊子由歸」「魯道有蕩，齊子庸止」是說齊女將要嫁往魯國，齊、魯聯姻，兩國關係良好，前景一片光明；「既曰歸止，曷又懷止」「既曰庸止，曷又從止」是表達齊國人對齊國所嫁女的深切關懷。

此歌詞第三、四章的中心意思是強調齊、魯兩國的通婚要重視禮法。「蓺麻如之何？衡從其畝。取妻如之何？必告父母」「析薪如之何？匪斧不克。取妻如之何？匪媒不得」是講婚姻禮法方面的大道理；「既曰告止，曷又鞠止」是告誡齊女嫁到魯國後要遵守禮法，不得有違；「既曰得止，曷又極止」是稱讚魯君求婚和迎親的禮數到位。

齊國國君之女出嫁，在祖廟舉行告廟之禮。在場的人員大概有齊國參加送親的貴族成員、前來齊國親迎的魯君本人及跟隨魯君到齊國迎親的貴族成員。在送親儀式上，齊國人用樂歌講了一番婚姻禮制方面的大道理。齊國人擔心齊女嫁到魯國後不遵禮制，影響齊、魯兩國的關係，於是就用善言相勸，講一些大道理來警誡她，示之以禮法的威嚴，同時又用善言溫暖她的心。這似乎讓人感覺到，齊女並不樂意嫁給魯君。

此歌詞中所說的「齊子」，蓋是魯哀姜。哀姜與魯莊公的婚姻，是一椿政治婚姻。齊、魯兩國世為婚姻，又經常處在恩怨糾葛之中。魯莊公十年（公元前 684 年），齊國跟魯國打了一場大仗，歷史上稱之為「長勺之戰」。這場戰役以齊國的失敗而告終。時隔十三年之後，魯莊公為了緩和齊魯關係，非常積極地到齊國求娶哀姜。魯莊公二十三年（公元前 671 年），魯莊公「如齊觀社」，實為求娶哀姜。齊桓公為大局計，也順水推舟，同意將其哥哥齊襄公的女兒（即哀姜）嫁給魯莊公。魯莊公回國後大造輿論，以十分積極的態度迎娶哀姜。《左傳·莊公二十三年》：「二十三年夏，公如齊觀社。……秋，丹桓宮之楹。」《春秋·莊公二十四年》：「二十有四年春王三月，刻桓宮桷。」魯莊公為了辦好迎娶哀姜的告廟儀式，請工匠精心修飾了魯桓公的廟，丹其楹，

刻其桷。據史書記載，魯莊公親自到齊國迎娶哀姜。《春秋‧莊公二十四年》：
「夏，公如齊逆女。秋，公至自齊。」《左傳‧莊公二十四年》：「秋，哀姜至。」
哀姜並不樂意嫁給魯莊公。哀姜嫁到魯國以後，就與魯莊公的庶弟公子慶父
私通。公子慶父在魯國製造內亂，事敗。慶父逃亡到莒國，哀姜逃至邾國。魯
閔公二年（公元前 660 年），慶父被引渡回國，途中自縊而死。齊桓公派人到
邾國將哀姜引渡回齊國，中途在夷地把她殺死了。因此，魯國人就給了她一
個「哀姜」的諡號。

　　一說，《南山》是諷刺齊襄公與文姜通淫的作品。《毛詩》序：「《南山》，
刺襄公也。鳥獸之行，淫乎其妹，大夫遇是惡，作詩而去之。」鄭玄《注》：
「襄公之妹，魯桓公夫人文姜也。襄公素與淫通。及嫁，公謫之。公與夫人如
齊，夫人訴之襄公。襄公使公子彭生乘公而搤殺之，夫人久留於齊。莊公即
位後乃來，猶復會齊侯於禚、於祝丘，又如齊師。齊大夫見襄公行惡如是，作
詩以刺之。又非魯桓公不能禁制夫人而去之。」齊人作詩自污？疑之。

甫田

　　　無田甫田〔1〕，維莠驕驕〔2〕。
　　　無思遠人〔3〕，勞心忉忉〔4〕。

　　　無田甫田，維莠桀桀〔5〕。
　　　無思遠人，勞心怛怛〔6〕。

　　　婉兮孌兮〔7〕，總角丱兮〔8〕。
　　　未幾見兮〔9〕，突而弁兮〔10〕！

【注釋】

〔1〕無田甫田：不要去耕種那廣大的薄田。無，毋，不要。田，通畋，動詞，治田。
　　田、畋皆定母真部字。《說文》：「畋，平田也。从攴、田。《周書》曰：『畋爾
　　田。』」《段注》：「《齊風》：『無田甫田。』上田即畋字。」平田，即整平土地。
　　引申為耕種之義。甫田，即大田。指初墾的面積廣大的薄田。甫，通博、薄。
　　甫，幫母魚部；博，幫母鐸部；薄，並母鐸部。幫、並旁紐，魚、鐸對轉。博、
　　薄，大，寬廣。田，已開墾的土地。《小雅‧甫田》：「倬彼甫田，歲取十千。」
　　甫田亦即公田，薄田。《毛傳》：「甫，大也。大田過渡而無人功，終不能獲。」
　　春秋時期，私田越來越多，出現了公田荒蕪的現象。因過渡開墾得到的大田，

管理不好，草多，收成也不好。因此，管仲在齊國實行了「相地而衰徵」的稅制改革。

〔2〕維莠驕驕：那裡只有莠草長得高高。維，通其。參見《周南‧葛覃》注〔3〕。莠，與穀子相似的一種草，今俗稱「貓尾草」，或稱「狗尾草」。《說文》：「莠，禾粟下揚生莠也。从艸，秀聲。讀若酉。」《段注》：「『禾粟下揚生莠也。』禾粟下，猶言禾粟閒也。禾粟者，今之小米。莠，今之狗尾艸。」《孟子‧盡心下》：「惡莠，恐其亂苗也。」荒野的土地無禾而有莠，惡田裏禾少而莠多。驕驕，高高的樣子。驕通喬。驕，見母宵部；喬，群母宵部。見、群旁紐。《魯詩》作「喬」。喬，高。《周南‧漢廣》：「南有喬木。」《鄭風‧山有扶蘇》：「山有喬松。」《尚書‧夏書‧禹貢》：「厥木惟喬。」孔安國《傳》：「喬，高也。」此歌詞以濫墾的大田里長滿了高高的莠草，來比喻齊國人心境的蕪雜。

〔3〕無思遠人：不要思念那位遠方的人。無思，即毋思，不要思。遠人，那個身在遠地的人。指魯莊公姬同。這句是反語，說「毋思」，其實是「思」。

〔4〕勞心忉忉：想起他就讓我們心裏感到沒著沒落。勞心，操心。忉忉，因憂愁心中焦躁不安的樣子。忉，通懆。忉，端母宵部；懆，清母宵部。端、清鄰紐。《毛傳》：「忉忉，憂勞也。」《爾雅‧釋訓》：「忉忉，憂也。」《說文》：「懆，愁不安也。从心，喿聲。《詩》曰：『念子懆懆。』」《玉篇‧心部》：「忉，憂心貌。」《陳風‧防有鵲巢》：「心焉忉忉。」《檜風‧羔裘》：「豈不爾思？勞心忉忉。」《小雅‧白華》：「念子懆懆。」懆通慅。慅，心母幽部。清、心旁紐，宵、幽旁轉。《陳風‧月出》：「勞心慅兮。」

〔5〕桀桀：高高的樣子。桀，象兩足在樹木上之形，本為高乘之義。引申為高、特出之義。桀通揭。桀，群母月部；揭，溪母月部。群、溪旁紐。《衞風‧碩人》：「葭菼揭揭。」《毛傳》：「揭揭，長也。」桀又通驕、喬。驕，見母宵部；喬，群母宵部。群、見旁紐，月、宵旁通轉。《毛傳》：「桀桀，猶驕驕也。」馬瑞辰《通釋》：「今按，《說文》：『揭，高舉也。』此章『桀桀』即『揭揭』之假借，義亦為高，故傳云『桀桀，猶驕驕也』。」陳奐《傳疏》：「『桀桀』與『驕驕』同意，故云『猶桀桀也』。『桀桀』者，即『揭揭』之假借。」

〔6〕怛怛：內心愁苦傷痛的樣子。《廣雅‧釋訓》：「怛怛，憂也。」怛通忉。怛，端母月部；忉，端母宵部。月、宵旁通轉。「怛怛」與「忉忉」音近義通。《毛傳》：「怛怛，猶忉忉也。」

〔7〕婉兮孌兮：他長得非常可愛呀。婉，柔順而美。《鄭風・野有蔓草》：「有美一人，清揚婉兮。」孌，美好可愛。《邶風・泉水》：「孌彼諸姬。」《邶風・靜女》：「靜女其孌。」婉、孌，既可形容男性，也可形容女性。《毛傳》：「婉孌，少好貌。」《曹風・候人》：「婉兮孌兮，季女斯飢。」《齊風・猗嗟》：「展我甥兮。猗嗟孌兮，清揚婉兮。」

〔8〕總角丱兮：他幼兒時留著兩角狀的髮式。總角，古時兒童的髮式。兒童的頭髮捆紮成兩角狀，稱為「總角」。總，聚束捆紮。《毛傳》：「總角，聚兩髦也。」丱，象兒童束髮成兩角之形，本義為兒童兩角形的髮式。《毛傳》：「丱，幼稚也。」朱熹《集傳》：「丱，兩角貌。」參見《衞風・氓》注〔49〕。

〔9〕未幾見兮：剛見到他還沒有多久呀。未幾，不久，沒多久。朱熹《集傳》：「未幾，未多時也。」

〔10〕突而弁兮：突然他就變成一個戴冠的大小夥子了！突而，或作「突耳」，突然之義。突，猛然間。《說文》：「突，犬從穴中暫出也。」《段注》：「引申為凡猝乍之稱。」《廣雅・釋詁》：「突，猝也。」突、猝皆從犬，義同。《說文》：「猝，犬從草（中）暴出逐人也。」《段注》：「假借為凡猝乍之偁。」而通爾、耳、然。而、耳，日母之部；然，日母元部。之、元旁通轉。段玉裁《毛詩故訓傳定本》校訂經文「而」作「若」。若通而。若，日母鐸部。之、鐸旁對轉。先秦文獻中而、耳、爾、如、若通假的例子屢見不鮮。裴學海《古書虛字集釋》卷七：「而猶如也。」「而猶耳也。」「如猶若也。」「若猶而也。」「耳猶爾也。」「爾猶而也。」「爾猶然也。」「爾猶耳也。」弁，皮帽。此歌詞的「弁」字為「戴上了弁」之義。《毛傳》：「弁，冠也。」周代的冠禮，貴族男子「二十而冠」。行過冠禮之後，就是法定的成年人了。但周王、諸侯國國君的冠禮並不一定要滿二十歲才舉行，其中有權變。此歌詞的「弁」字也可以理解為「成丁」之義。《鄭箋》：「猶是婉孌之童子，少自修飾，丱然而稚，見之無幾何，突耳加冠為成人也。」《孔疏》：「言有童子婉然而少，孌然而好兮；總聚其髮，以為兩角丱然兮。幼稚如此。與別，未經幾時而更見之，突然已加冠弁為成人兮。」

【詩旨說解】

《甫田》是齊國國君歡迎其魯國外甥姬同的燕享樂歌歌詞。

此歌詞說，「遠人」小時候曾經到過齊國，那時他的長相很好看。此次來到齊國，他已經是一個大小夥子了。由此推測，這位「遠人」大概就是魯桓公

和文姜所生之子姬同。文姜於魯桓公三年（公元前 709 年）嫁到魯國，第三年九月生下了一個男孩，名之曰「同」。《春秋‧桓公六年》：「九月丁卯，子同生。」文姜與齊襄公是兄妹關係。文姜為了讓齊襄公賞識他的大兒子姬同，以便日後立其為國君，在姬同很小的時候，就讓他早早地與其舅舅齊襄公見了面。魯桓公於其即位的第十八年，與夫人文姜進入齊國的濼地見齊襄公，然後一起去了臨淄。《春秋‧桓公十八年》：「十有八年春，王正月，公會齊侯于濼。公與夫人姜氏遂如齊。」《春秋》及《左傳》皆未記其魯桓公和文姜此次入齊攜子之事。此次入齊，魯桓公遽然被害。這其中可能潛藏著文姜與齊襄公的預謀。很可能就是這一次入齊，文姜攜帶了姬同。這一年姬同十三歲，正是「總角」之年。齊國人為了讓其外甥姬同順利地成為國君，在他將要成年之際，設局除掉了魯桓公。《春秋‧莊公四年》：「冬，公及齊人狩于禚。」禚為齊地，故地在今長清市境內。此年魯莊公姬同入齊，年齡十七歲，他已做了四年的國君。魯莊公這次入齊，齊國人用成人的禮節接待他，為他舉行歡迎儀式，演唱了《甫田》這首樂歌。

此歌詞第一章、第二章集中描寫齊國人思念「遠人」的心境狀況。作者以荒田多草比喻齊國人「思遠人」時心境的蕪雜，表達了齊人對其異國外甥的擔憂。「無思」是反語，「無思」即思。為什麼要說「無思」呢？因為「思」起來會承受不起。齊國人說，他們並不是沒有「思遠人」，而是「思」得很強烈。第三章描寫「遠人」少兒時的美好形象，表達了齊國人對「遠人」的讚美與親和之意。

從字面上看，《甫田》這篇樂歌歌詞表達了齊國貴族對其外甥姬同的憂思之情和歡迎之意。《甫田》是外交禮儀樂詞，具有「外交辭令」的性質。在魯莊公執政的最初幾年裏，齊國與魯國的外交關係很微妙。「無田甫田，維莠驕驕」「無田甫田，維莠桀桀」是齊國人對魯國的外交心理的真實寫照。從表面上看，「婉兮孌兮，總角丱兮」「未幾見兮，突而弁兮」這兩句樂詞是對魯莊公姬同的誇讚，其實也表示了齊國人的矛盾心理。魯莊公既是齊國的外甥，又是魯國的國君。齊國人希望他掌穩政權，順從齊國，但不希望他有獨立性。

盧令

盧令令〔1〕，其人美且仁〔2〕！

盧重環〔3〕，其人美且鬈〔4〕！

盧重鋂〔5〕，其人美且偲〔6〕！

【注釋】

〔1〕盧令令：黑犬頸上的套環「鈴鈴」地響著。盧，本義為盛火的器皿。《字彙·
午集·皿部》：「盧，盛火器也。」盧盛炭火易黑，由盧引申出黑色義。黸、玂、
墟、爐字，皆「盧」字所孳衍。段校《說文》：「墟，黑剛土也。」《釋名·釋
地》：「土黑曰盧。」《尚書·周書·文侯之命》：「彤弓一，彤矢百；盧弓一，
盧矢百。」《左傳·僖二十八年》：「彤弓一，彤矢百，玈弓矢千。」揚雄《法
言》「彤弓盧矢」，明世德堂本「盧」作「黸」。《說文》：「黸，齊謂黑為黸。」
《廣雅·釋器》：「黸，黑也。」盧，通玂。盧、玂皆來母魚部字。玂，黑色犬。
齊人稱黑犬為「玂」。《毛傳》：「盧，田犬。」《孔叢子·執節》：「申叔問曰：
『犬馬之名，皆因其形色而名焉，唯韓盧、宋鵲獨否。何也？』子順答曰：『盧，
黑色；鵲，白黑色。非色而何也？』」《戰國策·齊策三·齊欲伐魏》：「韓子盧
者，天下之疾犬也。」張華《博物志·物名考》：「韓國有黑犬，名盧。」《玉
篇·犬部》：「韓玂，天下駿犬。」《廣雅·釋畜》：「韓玂，犬屬。」王念孫《疏
證》：「玂，通作盧。」令令，象聲詞，鈴聲。令通鈴。令、鈴皆來母耕部字。
令，三家《詩》作「鏻」。鏻通鈴。鈴，來母耕部；鏻，來母真部。耕、真通
轉。《廣韻·真韻》「鏻」字有「力丁切」。陳喬樅《詩經四家異文考》卷二：
「令、鈴古今文之異。……鏻與鈴同。《毛詩》『令』即『鈴』之渻文。」馬瑞
辰《通釋》：「『令』即『鈴』之省借。」陳奐《傳疏》：「『令令』者，『鈴鈴』
之古文假借字。」狗跑動時頸上大環與小環相碰發出的聲音如鈴聲一般。《毛
傳》：「令令，縷環聲。」狗的頸環上或有小鈴鐺。

〔2〕其人美且仁：那個人相貌俊美又有仁愛之心！其人，那個人。指那個牽著犬打
獵的人。美，指長相美。仁，有仁愛精神。參見《鄭風·叔于田》注〔2〕。春
秋時期已用「仁」這個倫理概念來臧否人物。

〔3〕重環：大環與小環相連，又稱「子母環」。《毛傳》：「重環，子母環也。」一大
環貫一小環為「重環」，貫二小環亦為「重環」。

〔4〕其人美且鬈：那個人相貌俊美長著一頭卷髮！鬈，頭髮捲曲。《說文》：「鬈，髮好也。从髟，卷聲。《詩》曰：『其人美且鬈。』」朱熹《集傳》：「鬈，鬚鬢好貌。」周朝人以鬈髮為美。《小雅·都人士》：「彼君子女，卷髮如蠆。」此歌詞的「鬈」指鬈髮。「鬈」是男子的俊異之相。一說，鬈通婘。《毛傳》：「鬈，好貌。」一說，「鬈」通摧，勇壯貌。《鄭箋》：「鬈，當讀為摧。摧，勇壯也。」摧，捲的異體字。《說文》：「捲，氣勢也。从手，卷聲。《國語》曰：『有卷勇。』」

〔5〕重鋂：一個大環上套入兩個小環。鋂，連環。《毛傳》：「鋂，一環貫二也。」「重鋂」與「重環」意思相同。狗身上的飾物僅一套。

〔6〕其人美且偲：那個人相貌俊異，長了兩腮金剛鬚！偲，通頯。偲，清母之部；頯，心母之部。清、心旁紐。頯，俗作「腮」。《玉篇·頁部》：「頯，息來切，頰頯。」《廣韻·咍韻》：「頯，頯頷。俗又作腮。」此歌詞中「鬈」與「偲」對文，「偲」當指腮上多毛。偲，或是「頯」字的異體字。朱熹《集傳》：「偲，多鬚之貌。」其說甚是。多鬚是男子的俊異之相。一說，「偲」通才，謂有才能。《毛傳》：「偲，才也。」《鄭箋》：「才，多才也。」一說，「偲」為強有力之義。《說文》：「偲，強力也。《詩》曰：『其人美且偲。』」

【詩旨說解】

《盧令》是狩獵樂歌歌詞。在一場貴族組織的規模較大的狩獵活動開始前，要舉行狩獵儀式，演唱樂歌，以鼓舞士氣，活躍氣氛。

這篇歌詞讚美了一個相貌偉岸、性情仁愛的貴族狩獵者。此歌詞共有三句，每句上贊犬，下贊人。贊犬，用鈴聲襯托獵犬的美態和靈性；贊人，兼顧人物的內心仁愛和外表英俊威猛兩個方面。「鬈」「偲」二字刻畫了狩獵者外表的奇美，讓人感到這個狩獵者有高大壯碩的體軀和勇武威猛的精神。這位狩獵者似乎有西域人的血統。

從文學的角度看，此歌詞寫人先寫犬，犬動人靜，以犬襯人。美犬與奇人在一起，構成了一幅意味雋永的畫面。

敝笱

敝笱在梁〔1〕，其魚魴鰥〔2〕。
齊子歸止〔3〕，其從如雲〔4〕。

敝笱在梁，其魚魴鰥〔5〕。
齊子歸止，其從如雨〔6〕。

敝笱在梁，其魚唯唯〔7〕。
齊子歸止，其從如水。

【注釋】

〔1〕敝笱在梁：漁壩中間的水口處放置著隱蔽的捕魚笱。敝笱，用水草或樹枝作偽裝的笱。敝，從㡀從支，同擎，擊打布帛淨塵之義。參見《鄭風·淄衣》注〔2〕。敝，通蔽。敝，並母月部；蔽，幫母月部。并、幫旁紐。蔽，本義為掩蔽。參見《召南·甘棠》注〔1〕。笱，竹製的捕魚器，大腹小頸大口，頸部有倒鬚，魚遊進去之後遊不出來。用隱蔽的笱捕魚，更容易得到魚。一說，「敝笱」是破魚笱。《孔疏》：「弊敗之笱在於魚梁。」朱熹《集傳》：「敝，壞。」孔穎達、朱熹以敝通㡀。其說不可取。梁，魚梁，河道中專門用來捕魚的擋水堰。在堰中間留口，將笱放置在堰口以捕魚。齊、魯聯姻，齊國人送國君之女出嫁，大概要按傳統的婚禮風俗在送親途中搞一個以笱捕魚的小型儀式。因此，齊國的送嫁樂歌中出現了「敝笱在梁」的說辭。

〔2〕其魚魴鰥：一條紅尾巴魴魚帶領著一群小魚游進了魚笱。魴，一種紅尾巴的扁體魚。《說文》：「魴，赤尾魚。」參見《周南·汝墳》注〔8〕。陸璣《毛詩草木疏》說，伊、洛、濟、穎有魴魚。齊國及其他諸侯國的河流裏也有魴魚。魴，又是大魚。《豳風·九罭》：「九罭之魚，鱒魴。」《毛傳》：「魴，大魚也。」鰥，小魚。《鄭箋》：「鰥，魚子也。」鰥通鯤。鰥、鯤皆見母文部字。三家《詩》作「鯤」。《鄭箋》：「鰥，魚子也。」《爾雅·釋魚》：「鯤，魚子。」邢昺《疏》：「《詩》云：『其魚魴鰥。』鄭云：『鰥，魚子。』鰥、鯤字異，蓋古字通用也。」《國語·魯語·里革斷宣公罟而棄之》：「魚禁鯤鮞。」鯤鮞，魚的幼仔。小魚仔總是成群地跟隨在大魚的身後游動。此樂歌歌詞以魴魚帶領著一群小魚游進笱裏，比喻齊國所嫁女和隨媵隊伍一起進入齊女所嫁國。

〔3〕齊子歸止：齊國國君之女要出嫁了。齊子，齊國國君之女。歸，出嫁。止，同之、哉，語氣詞。

〔4〕其從如雲：隨嫁的隊伍像一縷長雲。從，隨從。指媵妾等隨行人員。《鄭箋》：「其從，侄娣之屬。」如雲，像雲一樣。比喻隨從眾多。《毛傳》：「如雲，言盛也。」這句歌詞極力讚頌國君嫁女隊伍聲勢浩大。下文「如雨」「如水」與

「如雲」意思一樣，皆是誇張性語言，言出嫁者的隨從盛多。《大雅·韓奕》：「韓侯取妻，……百兩彭彭，八鸞鏘鏘，不顯其光。諸娣從之，祁祁如雲。」

〔5〕鱮：鰱魚，身體細長，腹色白。鰱魚體形小。陸璣《毛詩草木疏》：「鱮，其頭尤大而肥者，徐州人謂之鰱。」《廣雅·釋魚》：「鰱，鱮也。」王念孫《疏證》：「今人通呼鰱子。」一說，「魴鱮」為大魚。《毛傳》：「魴鱮，大魚。」一說，「鱮」似魴魚。《鄭箋》：「鱮，似魴而弱鱗。」此歌詞中「鰥」與「鱮」對文，皆指較小的魚。

〔6〕如雨：與「如雲」同義。《毛傳》：「如雨，言多也。」

〔7〕唯唯：遊魚搖尾相互追隨前行的樣子。唯，本義為人的答應聲。《說文》：「唯，諾也。」《段注》：「『諾也』，此渾言之。《玉藻》曰：『父命呼，唯而不諾。』析言之也。」此歌詞中「唯」字非其本義。唯通尾。唯，喻母微部；尾，明母微部。喻、明通轉。尾尾，形容一群魚兒擺尾游動的樣子。《鄭箋》：「唯唯，行相隨順之貌。」《孔疏》：「唯唯，正是魚行相隨之貌耳。」唯唯，《韓詩》作「遺遺」。遺，喻母微部，亦通尾。《大宋宣和遺事·元集》：「役民夫百千萬，自汴梁直至蘇杭，尾尾相含，人民勞苦，相枕而亡。」尾通㣲。㣲，明母微部。《楚辭·九思·怨上》：「狐狸兮㣲㣲。」舊注：「相隨貌。」洪興祖《楚辭補注》：「㣲，《釋文》音眉。」㣲，從言，微省聲，殆即「唯」字的異體字。

【詩旨說解】

《敝笱》是齊國送國君之女出嫁的樂歌歌詞。此歌詞用「魚進笱」比喻結婚之事，其中的「其魚魴鰥」「其魚魴鱮」「其魚唯唯」「其從如雲」「其從如雨」「其從如水」皆是比喻性質的語言，用以形容齊君之女出嫁時隨行人員眾多。這篇樂歌歌詞描繪了齊國嫁女送親隊伍的聲勢浩大，讚揚了齊君嫁女的體面和排場。

《毛詩》序：「《敝笱》，刺文姜也。齊人惡魯桓公微弱，不能防閑文姜，使至淫亂，為二國患焉。」齊、魯、韓三家的說法與《毛詩》序同。王先謙《詩三家義集疏》說「三家無異義」。《鄭箋》：「魴也，鰥也，魚之易制者。然而，敝敗之笱不能制。興者，喻魯桓微弱，不能防閑文姜，終其初時之婉順。」朱熹《集傳》：「齊人以敝笱不能制大魚，比魯莊公不能防閑文姜，故歸齊而從之者眾也。」這些皆是附會之說。說者錯解了「敝笱」的「敝」字，把一篇婚禮送嫁樂歌歌詞解釋成了諷刺作品。

載驅

載驅薄薄〔1〕，簟茀朱鞹〔2〕。
魯道有蕩〔3〕，齊子發夕〔4〕。

四驪濟濟〔5〕，垂轡濔濔〔6〕。
魯道有蕩，齊子豈弟〔7〕。

汶水湯湯〔8〕，行人彭彭〔9〕。
魯道有蕩，齊子翱翔〔10〕。

汶水滔滔〔11〕，行人儦儦〔12〕，
魯道有蕩，齊子遊敖〔13〕。

【注釋】

〔1〕載驅薄薄：車馬疾行發出「薄薄」的聲音。載，通是，正。表示正在進行之中。驅，鞭馬。參見《鄘風‧載馳》注〔1〕。薄薄，車行聲。《毛傳》：「薄薄，疾驅聲也。」《孔疏》：「驅馳其馬，使之疾行，其車之聲薄薄然。」

〔2〕簟茀朱鞹：竹製的車簾，紅色的車馬鞁具多麼風光。簟茀，竹製的車簾。簟，竹席。《毛傳》：「簟，方文蓆也。」《說文》：「簟，竹席也。」茀，本義為道路上多草。《說文》：「茀，道多艸不可行。」《段注》：「《毛詩》借作蔽茀字。」茀通蔽、芾、市。茀，滂母物部；蔽、芾、市，邦母月部。滂、邦旁紐，物、月旁轉。芾通市，蔽膝。有遮蔽之義。參見《曹風‧候人》注〔4〕。《小雅‧采菽》：「赤芾在股，邪幅在下。」《鄭箋》：「芾，大古蔽膝之象也。」車簾子如蔽膝一樣有遮蔽作用，故稱「茀」。《毛傳》：「車之蔽曰茀。」《孔疏》：「『車之蔽曰茀』，謂車之後戶也。」貴族所乘之車，後面障以精緻的竹簾。《小雅‧采芑》：「路車有奭，簟茀魚服，鉤膺鞗革。」《大雅‧韓奕》：「王錫韓侯，淑旂綏章，簟茀錯衡。」參見《衞風‧碩人》注〔19〕。朱鞹，車輛及駕具上紅色的皮革。朱，紅色。鞹，又作「鞟」，板皮，可製作成鞁具及車輛上的皮件。這句歌詞描述「齊子」出嫁所乘的車輛豪華耀眼。

〔3〕魯道有蕩：即「魯道蕩蕩」。參見《南山》注〔3〕。

〔4〕齊子發夕：送齊國國君之女出嫁的車隊向晚就要出發了。齊子，齊國國君之女。發夕，即「夕發」。夕，時間副詞，傍晚。發，動詞，出行。春秋時期的風俗是晚上結婚，送親的隊伍傍晚從齊國都城出發，前往魯國。齊都臨淄距離

魯都曲阜的路程遙遠，途中有停歇的驛站。「發夕」可能是齊國人對於送親隊伍傍晚出發的固定說法。

〔5〕四驪濟濟：四匹黑馬毛色純淨。四驪，四匹黑色的馬。《說文》：「驪，馬深黑色。」《魯頌·駉》：「有驪有黃。」《毛傳》：「純黑曰驪。」濟濟，馬毛色純整齊好看的樣子。濟通齊。濟，精母脂部；齊，從母脂部。精、從旁紐。齊齊，謂馬毛色純一。《毛傳》：「濟濟，美貌。」此句歌詞誇讚齊君送嫁所用的馬美。《毛傳》：「四驪，言物色盛也。」

〔6〕垂轡濔濔：轡繩柔軟地下垂著。垂轡，下垂的馬韁繩。《毛傳》：「垂轡，轡之垂者。」濔濔，轡繩柔軟下垂的樣子。朱熹《集傳》：「濔濔，柔貌。」濔，與「瀰」同，本義為水滿。《說文》：「瀰，滿也。」參見《邶風·匏有苦葉》注〔5〕、《邶風·新臺》注〔2〕。濔通靴。濔、靴皆泥母脂部字。靴，轡繩柔軟下垂的樣子。《玉篇·革部》：「靴，轡垂貌。」靴通軟。軟，日母元部。泥、日準雙聲，脂、元旁對轉。《集韻·薺韻》：「靴，頓也。」「垂轡濔濔」是說送親的車馬在途中行進怡然自得，狀態良好。

〔7〕齊子豈弟：送國君之女出嫁的車隊嚮明又要出發了。豈弟，「闓圛」的借字。《鄭箋》：「此『豈弟』猶言『發夕』也。豈讀當為闓。弟，《古文尚書》以『弟』為『圛』。圛，明也。」闓通開。闓、開皆溪母微部字。《廣雅·釋詁》：「闓，開也。」開，與「發」同義，啟程。圛通曙。圛、曙皆喻母鐸部字。曙，明。指夜過天明。《廣雅·釋詁》：「曙，明也。」豈弟，又作「愷悌」。《爾雅·釋言》：「愷悌，發也。」郭璞《注》：「發，發行也。《詩》曰：『齊子愷悌。』」陳喬樅《毛詩鄭箋改字說》：「《爾雅·釋言》：『愷悌，發也。』《注》：『發，發行也。《詩》曰：「齊子愷悌。」』此蓋《魯詩》說也。《釋文》引《韓詩說》說：『發夕，云發旦也。』」發夕，晚發；發旦，朝發。兩詞意思不同，《韓說》誤。《爾雅》「發也」或有闕文。「發夕」「豈弟」是齊國方言。「發夕」「豈弟」對文，鄭玄訓「豈弟」為「闓圛」，甚是。闓圛，即開明、明開，朝發。齊女傍晚出嫁前往魯國，夜宿驛站，第二日天明啟程，再向魯國進發。

〔8〕汶水湯湯：汶水嘩嘩地翻動著波浪。汶，汶河。汶水是流經魯國的一條河，發源於泰山、徂徠山，向西流入巨野澤。湯湯，水流激蕩的樣子。參見《衛風·氓》注〔29〕。汶水是齊國送親隊伍從北路前往魯國都城必須經過的一條河流。

〔9〕行人彭彭：送親隊伍的腳步聲「嘭嘭」作響。行人，齊國送親隊伍中的步行人員。彭彭，象聲詞，形容眾人跑動時的腳步聲。彭，本義為鼓聲。《說文》：「彭，

鼓聲也。」彭，借鼓聲為象聲詞。《小雅・出車》：「出車彭彭。」《小雅・北山》：「四牡彭彭。」《大雅・大明》：「檀車煌煌，駟騵彭彭。」參見《鄭風・清人》注〔2〕。一說，「彭彭」是人多之義。《毛傳》：「彭彭，多貌。」釋「彭彭」為行人多，亦通，非正解。

〔10〕齊子翱翔：載送齊子出嫁的婚車疾馳不歇，如鳥兒飛翔一樣。翱翔，鳥在天空迴旋飛翔。這是形容「齊子」出嫁的車輛輕鬆自如地行進的樣子。參見《鄭風・清人》注〔4〕。

〔11〕汶水滔滔：汶水「嘩嘩」地翻動著波浪。滔滔，與「湯湯」同義，流水激蕩的樣子。參見《王風・君子陽陽》注〔1〕、〔5〕。《毛傳》：「滔滔，流貌。」汶河是一條不大的河流，無大浪。

〔12〕儦儦：眾人跑動的腳步聲。「儦儦」與「彭彭」對文，皆是象聲詞。《毛傳》：「儦儦，眾貌。」毛說非正解。

〔13〕遊敖：同「敖遊」。敖，出遊。《說文》：「敖，出遊也。」《段注》：「『出遊也。』《邶風》曰：『以敖以遊。』敖、遊同義也。……『從出、放。』從放，取放浪之意。」《衛風・碩人》：「碩人敖敖，說于農郊。」齊子出嫁魯國，並非出遊。「遊敖」形容齊子長途行進輕鬆自由的樣子。

【詩旨說解】

　　《載驅》是齊君嫁女的樂歌歌詞。此歌詞讚美了齊女出嫁送親車馬的精良、送親隊伍的聲勢浩大和車馬行人行進的輕鬆歡快。

　　《載驅》這首樂歌的調子輕鬆愉快，與《南山》的沉鬱悱惻形成了鮮明的對比，與《敝笱》的簡略平淡也有明顯的區別。

猗嗟

猗嗟昌兮〔1〕，頎而長兮〔2〕！
抑若揚兮〔3〕，美目揚兮〔4〕，巧趨蹌兮〔5〕。
射則臧兮〔6〕！

猗嗟名兮〔7〕，美目清兮〔8〕！
儀既成兮〔9〕，終日射侯〔10〕，不出正兮〔11〕。
展我甥兮〔12〕！

猗嗟孌兮〔13〕，清揚婉兮〔14〕！
舞則選兮〔15〕，射則貫兮〔16〕，四矢反兮〔17〕。
以禦亂兮〔18〕！

【注釋】

〔1〕猗嗟昌兮：啊，你年輕又力壯呀。猗嗟，複合感歎詞，相當於現代漢語的「哎呀」。為了簡便，可譯作「啊」。參見《召南·騶虞》注〔3〕。《毛傳》：「猗嗟，歎詞。」猗通欹。猗，影母歌部；欹，影母支部。歌、支旁通轉。欹，從欠，奇聲，歎詞。《玉篇·欠部》「欹」字下：「欹歟，歎詞。」《廣韻·支韻》：「欹，歎詞。」《集韻·支韻》：「欹，歎美詞。」嗟，歎詞。《玉篇·口部》：「嗟，嗟歎也。」參見《周南·麟之趾》注〔3〕。猗嗟，又作「于差」。上海博物館藏戰國楚竹書《孔子詩論》第二十二簡有詩篇名《於差》。昌，盛壯的樣子。參見《鄭風·丰》注〔4〕。《毛傳》：「昌，盛也。」《鄭箋》：「昌，佼好貌。」鄭玄釋「昌」為美，不釋為壯。

〔2〕頎而長兮：你的身材真高大呀！頎而，即頎然，身長好看的樣子。頎，身材高大的樣子。《毛傳》：「頎，長貌。」《衛風·碩人》云：「碩人其頎。」而，本作「若」。《孔疏》：「『若』猶『然』也。此言『頎若長兮』，《史記·孔子世家》稱孔子說文王之狀云：『黯然而黑，頎然而長。』是之為長貌也。今定本云『頎而長兮』，『而』與『若』義並通也。」段玉裁《毛詩故訓傳定本》校訂經文作「若」。而通然。而，日母之部；然，日母元部。之、元旁通轉。長，身材高大。

〔3〕抑若揚兮：你進退有節，身上的佩玉響聲有度呀。抑若揚，即「抑而揚」，先抑後揚。抑，初文作「印」，本義為用手按住。甲骨文「印」字象一隻手按住人的頭部使跪下。羅振玉《殷虛書契考釋·文字第五》「曰抑」下：「《說文解字》：『抑，按也。從反印。』……卜辭『印』字從爪從跽形，象以手抑人而使之跽，其誼（義）如許書之『抑』，其字形則如許書之『印』。……許書『印』『抑』二字古為一字。……印之本訓既為『按抑』，後世執政以印施治，乃假按印之『印』字為之。反『印』為『抑』，殆出晚季，所以別於印信字也。」此歌詞的「抑」字宜取按住之義，謂快速行走時用手按住腰間的玉佩，不使其發出響聲。若通而。若，日母鐸部；而，日母之部。鐸、之旁對轉。王念孫《讀書雜志·餘編下·楚辭》「臑若芳些」條下：「按：若，猶而也。」吳昌瑩《經

詞衍釋》卷七：「若，而也。《詩》『頎而長兮』『抑若揚兮』，『若』與『而』互
文，『若』亦『而』也。」揚，上揚。指身上佩玉的響聲向外傳揚。《禮記‧玉
藻》：「古之君子必佩玉，右徵、角，左宮、羽。趨以《采齊》，行以《肆夏》，
周還中規，折還中矩，進則揖之，退則揚之，然後玉鏘鳴也。」揖通抑。揖，
影母緝部；抑，影母質部。緝、質旁通轉。此歌詞所說「抑若揚」與《玉藻》
所說「進則揖之，退則揚之」相合。

〔4〕美目揚兮：你的一雙眼睛配著上揚的眉毛，多麼美呀。美目，美麗好看的眼睛。
揚，揚眉。《毛傳》：「好目揚眉。」《孔疏》：「《傳》解揚為眉，蓋以眉毛揚起，
故名眉為揚。」

〔5〕巧趨蹌兮：你的步伐靈活，走路的樣子多麼好看呀。巧趨，好看的快走步伐。
巧，精巧，好看。趨，快步走。蹌，有節奏地快步行走的姿態。《毛傳》：「蹌，
巧趨貌。」「蹌」為「蹌蹌」之省言。《小雅‧楚茨》：「濟濟蹌蹌。」《毛傳》：
「濟濟蹌蹌，言有容也。」《鄭箋》：「有容，言威儀敬慎也。」《大雅‧公劉》：
「蹌蹌濟濟。」《鄭箋》：「蹌蹌濟濟，大夫之威儀也。」《禮記‧曲禮下》：「天
子穆穆，諸侯皇皇，大夫濟濟，士蹌蹌。」孔穎達《疏》：「『士蹌蹌』者，鄭
注《聘禮》云：『容貌舒揚也。』案：鄭意則不得濟濟也，但舒揚而已。」蹌，
通瑲。蹌、瑲皆清母陽部字。瑲，玉碰撞發出的響聲。蹌蹌，指人行走起來玉
聲瑲瑲有節奏的樣子。王先謙《集疏》：「於舉足見疾行之巧，揚目巧趨，正其
射時之儀狀。」禮射時，射者前趨行禮，返回自己原來的位置時步子輕快而有
節奏。

〔6〕射則臧兮：這次射箭比賽你一定能射出好成績呀！射，射箭。則，即、就。表
示判斷語氣。臧，好、善。此謂姿勢好看而又能準確射中目標。《鄭箋》：「臧，
善也。」

〔7〕猗嗟名兮：啊，你的眼睛真明亮呀。名，通明，目明之義。名，明母耕部；明，
明母陽部。耕、陽旁轉。林義光《詩經通解》：「名，俞樾云『猶明也』。名與
明古音雖不同，然亦一聲之轉。《禮記‧檀弓》：『子夏喪其子而喪其明。』《冀
州從事郭君碑》：『卜商號咷，喪子失名。』」

〔8〕美目清兮：你的眸子像一泓清水呀！清，眸子清亮。高亨《詩經今注》：「清，
眼睛黑白分明。」林義光《詩經通解》：「『猗嗟名兮，美目清兮』，正取清明之
義。」

〔9〕儀既成兮：射禮的表演儀式已經結束了呀。儀，射儀。在正式禮射之前，參加者先表演射箭的動作套路，不計射中與否。這是射禮的一部分。成，完成。

〔10〕終日射侯：今天的射箭呀。終日，一整天。這是虛指，實指此次射箭活動。侯，「兮」的借字。此歌詞其他句子的末尾皆用「兮」字，本句末尾亦應是「兮」字。侯通兮。侯，匣母侯部；兮，匣母支部。侯、支旁轉。劉邦《大風歌》中有三個「兮」字，而《史記·樂書》稱高祖過沛詩為「三侯之章」。司馬貞《索隱》：「沛詩有三『兮』，故云『三侯』也。」「三侯之章」即「三兮之章」。方以智《通雅·釋詁》：「古『兮』『侯』通用。」

〔11〕不出正兮：全都射中了箭靶的中間呀。不出，不脫出箭靶。正，箭靶中間的位置。箭靶是射箭的目標，箭靶的中心多以豹皮做成鳥狀，周圍用麋皮作裝飾。靶中間的鳥形圖案稱為「鵠」「鴊」。《毛傳》：「二尺曰正。」《儀禮·大射》「見鵠於參」鄭玄《注》：「所云正者，正也。亦鳥名。齊、魯之間名題肩為正。正、鵠皆鳥之捷黠者。」題肩，一名「鴊」。《玉篇·鳥部》：「鴊，鷂鷂也。」《廣韻·清韻》：「鴊，《方言》云：『齊、魯間謂題肩為鴊鳥。』」《小爾雅·廣器》：「射有張布謂之侯。侯中者謂之鵠，鵠中者謂之正。正方二尺。」胡承珙《小爾雅義證》：「《周禮》鄭眾、馬融注皆云：方十尺曰侯，四尺曰鵠，二尺曰正，四寸曰質。」箭靶正中心有一白色圓點，稱為「的」，又稱為「質」「臬」。《小雅·賓之初筵》：「發彼有的。」《毛傳》：「的，質也。」《孔疏》：「《周禮》鄭眾、馬融注皆云：『方十尺曰侯，四尺曰鵠，二尺曰正，四寸曰質。』」箭靶稱為「侯」。侯一般方十尺，鵠四尺，正二尺，的四寸。侯又有大、中、小之別，其鵠、正、的尺寸亦隨之改變。涉及燕射禮諸事，另參《儀禮》「鄉射禮」「大射儀」和《小雅·賓之初筵》「發彼有的」的《疏》文。

〔12〕展我甥兮：你真是我們齊國的好外甥呀！展通真。參見《邶風·雄雉》注〔6〕。《說文》「展」字《段注》：「展與真音近，假借。」真通誠。真，照母真部；誠，禪母耕部。照、禪旁紐，真、耕通轉。《鄭箋》：「展，誠也。」《邶風·雄雉》：「展矣君子。」《毛傳》：「展，誠也。」甥，外甥。《毛傳》：「外孫曰甥。」《鄭箋》：「姊妹之子曰甥。」

〔13〕孌：身段好看。《毛傳》：「孌，壯好貌。」「昌」「明」「孌」對文，皆讚美之詞。此句歌詞說「甥」在宴射禮時跳弓矢舞身段很好看。

〔14〕清揚婉兮：你目清眉秀真好看呀。清，目清。揚，指上揚的眉毛。目清眉揚，人英俊氣質好。朱熹《集傳》：「揚，眉之美也。」《鄘風·君子偕老》：「子之

清揚，揚且之顏也。」婉，好看。此指眉目好看。《毛傳》：「婉，好眉目也。」
參見《鄭風・野有蔓草》注〔4〕。

〔15〕舞則選兮：你的舞蹈很合節拍呀。舞，指射箭比賽開始之前配合雅樂所跳的舞
蹈。馬瑞辰《通釋》說，《猗嗟》「三章俱言射事，則舞亦射時之舞也。」選，
本義為遣送。《說文》：「選，遣也。」選通巽、順。選、巽，心母元部；順，
神母文部。心、神鄰紐，元、文旁轉。《廣雅・釋詁》：「巽，順也。」此歌詞
的「選」字指舞者的舞蹈順應了舞樂的節拍。《韓說》：「言其舞則應雅樂也。」
《毛傳》：「選，齊。」《孔疏》：「毛以為……其舞則齊於樂節兮。」舞者的舞
蹈與雅樂的節拍相合，射禮的場面歡樂和諧。一說，「選」即優秀、上等。《鄭
箋》：「選者，謂於倫等最上。」此說不可取。

〔16〕射則貫兮：你的箭全部射中了靶子呀。貫，箭鏃射透靶心。《毛傳》：「貫，中
也。」中，射中。《儀禮・鄉射禮》：「不貫不釋。」鄭玄《注》：「貫，猶中也。」
《釋文》：「貫，穿也。」貫，本作「毌」。《說文》：「毌，穿物持之也。」《段
注》：「古貫穿用此字。今貫行而毌廢矣。」

〔17〕四矢反兮：你射出的四支箭在箭靶上的著落點正好形成四方形呀。四矢，四支
箭。《毛傳》：「四矢，乘矢。」《儀禮・鄉射禮》：「執弓，挾乘矢。」乘，古車
制，一輛車。一輛車用四匹馬拉動，引申為數目四。矢，甲骨文字象箭支之形。
《說文》：「矢，弓弩矢也。」據《儀禮》「鄉射禮」「大射儀」篇所述，古代宴
射禮的射箭比賽，二人為一耦，分上射、下射，一輪比賽共三耦，一人射四支
箭。《大雅・行葦》：「敦弓既堅，四鍭既鈞。」四鍭，四支箭。《行葦》是古代
宴射禮用樂，禮射用四鍭。反，甲骨文字象以手攀崖之形，本義為用手攀緣。
徐中舒《甲骨文字典》：「反，從又從厂，象以手攀崖之形。」此義不可取。反
通變。反、變皆幫母元部字。《韓詩》作「變」，云：「變易也。」上海博物館
藏戰國楚竹書《孔子詩論》第二十二簡：「《於差》曰：『四矢變，以御亂。』」
變，變化。指射箭比賽時將四支箭依次射在箭靶上，著箭點的形狀有巧妙的變
化。著箭點的形狀構成「井」字形的，稱為「井儀」。《周禮・地官・保氏》：
「養國子以道，乃教之六藝：一曰五禮，二曰六樂，三曰五射，四曰五馭，五
曰六書，六曰九數。」鄭玄《注》：「鄭司農云：『五射：白矢、參連、剡注、
襄（讓）尺、井儀也。』」賈公彥《疏》：「云『井儀』者，四矢貫侯，如井之
容儀也。」井儀，象四邊形井欄的樣子。《禮記・射義》：「故男子生，桑弧蓬
矢六，以射天地四方。天地四方者，男子所有事也。」孔穎達《疏》：「『桑弧

蓬矢』者，取其質也。所以用『六』者，射天地四方也。所以禮射唯四矢者，示事有不用也。四矢者，象御四方之亂。」箭射在靶上成為「井」字形，象徵抵禦四方之亂。如果能做到「四矢變」，就可以說是百步穿楊的射箭高手了。這句樂歌誇讚「甥」射箭的技藝超群。

〔18〕以禦亂兮：這象徵著他能夠抵禦四方的禍亂啊！以，可以、能夠。禦亂，抵禦禍亂。禦通敔。禦、敔皆疑母魚部字。敔，抵禦，抵擋，遏止。《說文》「敔」字《段注》：「敔為禁禦本字，禦行而敔廢矣。」《廣雅·釋詁》：「敔，禁也。」王念孫《疏證》：「敔、御、圉並通。」慧琳《一切經音義》卷四十六：「禦寒，古文敔同，魚舉反。《廣雅》：『禦，止也。』《詩》云：『百夫之禦。』《傳》曰：『禦，當也。』《爾雅》：『禦、圉，禁也。』舍人曰：『禦、圉，未有而預防之也。』」《邶風·谷風》：「我有旨蓄，亦以御冬。」《秦風·黃鳥》：「維此鍼虎，百夫之禦。」《小雅·常棣》：「兄弟鬩于牆，外禦其務。」《左傳·文公十一年》：「鄋瞞伐宋，司徒皇父帥師禦之。」《左傳·文公十一年》：「三年春，諸侯伐鄭，……鄭公子偃帥師禦之。」《左傳·哀公二十三年》：「夏六月，晉荀瑤伐齊。高無丕帥師禦之。」這句歌詞是對「甥」的射箭技藝的讚揚。

【詩旨說解】

　　《猗嗟》是燕射禮儀樂歌歌詞。此歌詞反映了齊國外交享禮中禮射的情況。古代的射禮，與燕禮緊密聯繫在一起。所謂「射禮」，一般都是燕禮上的射禮，故又稱之為「燕射之禮」。《禮記·射義》：「古者諸侯之射也，必先行燕禮。卿、大夫、士之射也，必先行鄉飲酒之禮。故燕禮者，所以明君臣之義也。鄉飲酒之禮者，所以明長幼之序也。」《小雅·賓之初筵》對燕射禮也有一定的描寫：「賓之初筵，左右秩秩。籩豆有楚，肴核維旅。酒既和旨，飲酒孔偕。鐘鼓既設，舉酬逸逸。大侯既抗，弓矢斯張。射夫既同，獻爾發功。發彼有的，以祈爾爵。」諸侯舉行燕禮的目的，是為了酬酢娛樂眾臣，融洽上下級關係。諸侯接待外國的重要賓客，也使用燕享之禮。在燕禮儀式上，一般都要演唱樂歌並表演舞樂，或設燕射禮儀。射禮一般分三節，第一節為預備，不計勝負；第二節為正射，計勝負；第三節為樂射，射者在雅樂聲中開始射箭，其動作可合音樂節拍，也可不合音樂節拍，射中為上。射中者，國君賞給一爵酒喝。

　　第一章是燕射禮儀跳弓矢舞之前樂工所唱的歌詞。弓矢舞是燕射禮儀上必跳的一個舞蹈節目。在燕射開始之前，由樂師率領參射各耦共跳弓矢舞。

《周禮・春官・樂師》：「樂師掌國學之政，以教國子小舞。……燕射，帥射夫以弓矢舞。」此章誇讚「甥」相貌出眾，鼓勵其做好弓矢舞的表演。

第二章是禮射比賽之前樂工所唱的歌詞。此段歌詞鼓勵「甥」展示射技、獲取優異的比賽成績。

第三章是禮射比賽完畢之後樂工所唱的歌詞。此段歌詞總結性地誇讚「甥」在燕射禮儀中表現出色，射藝超群。

此歌詞中的「甥」是魯莊公。《春秋・莊公四年》：「冬，公及齊人狩于禚。」魯莊公這位齊國的外甥到齊國禚地與齊襄公一起狩獵，齊國國君為他舉行了燕射之禮。此時他十七歲，正值英年。

此歌詞讚揚魯莊公「舞則選兮，射則貫兮。四矢反兮，以禦亂兮」，魯莊公的確實有高超的射箭技藝。據《左傳・莊公十一年》載，在魯莊公十年（公元前 684 年）的乘丘之役中，「公之金僕姑射南宮長萬，公右歂孫搏（縛）之」。宋國的南宮長萬是當時有名的大力勇士，在乘丘之戰中因被魯莊公射傷了腳，才被魯莊公的車右歂孫給活捉了。

魏　風

　　魏，國名。始於夏代。《呂氏春秋・恃君覽・召類》：「禹攻曹、魏、屈驁、有扈，以行其教。」西周初年，周武王分封姬姓貴族於魏，其地域在今山西芮城、永濟、運城一帶。《史記・魏世家》張守節《正義》引鄭玄《詩譜》云：「魏，姬姓之國，武王伐紂而封焉。」《左傳・襄公二十九年》：「虞、虢、焦、滑、霍、揚、韓、魏，皆姬姓也。」《左傳・昭公九年》：「王使詹桓伯辭於晉，曰：『我自夏以后稷，魏、駘、芮、岐、畢，吾西土也；及武王克商，蒲姑、商奄，吾東土也；巴、濮、楚、鄧，吾南土也；肅慎、燕、亳，吾北土也。』」東周人稱魏地為「西土」。《水經注・河水注》引《竹書紀年》說，晉武公八年（公元前 709 年）「周師、虢師圍魏，取芮伯萬而東之」。周莊王七年（公元前 690 年），西周所封的魏國尚存。周惠王十六年（公元前 661 年），晉滅霍、耿、魏。《左傳・閔公元年》：「晉侯作二軍，公將上軍，大子申生將下軍。趙夙禦戎，畢萬為右，以滅耿，滅霍，滅魏。還，為太子城曲沃。賜趙夙耿，賜畢萬魏，以為大夫。」晉滅魏之後，晉獻公把魏地賜給了畢公高的後人畢萬作采邑，封其為大夫。畢萬「從其國名為魏氏」。晉獻公去世後，其四子爭立，造成了晉國近二十年的內亂。畢萬的孫子魏犨跟隨晉獻公之子重耳流亡，有功，重耳（晉文公）即位後令其襲魏氏之封。魏犨治魏國，稱「魏武子」，為晉大夫。魏武子之子悼子又徙霍（今山西霍州西南）。晉悼公十二年（公元前 562 年），悼子之子魏絳（魏莊子）又由霍徙安邑（今山西省夏縣西北）。

　　《魏風》共七篇詩文，都是晉國人所作。其中，《陟岵》《碩鼠》與巫事有關；《伐檀》是饗燕禮樂歌歌詞。晉國樂府用魏地的歌調演唱這些詩章，故稱之為《魏風》。

葛屨

糾糾葛屨〔1〕，可以履霜〔2〕？
摻摻女手〔3〕，可以縫裳〔4〕？
要之襋之〔5〕，好人服之〔6〕。

好人提提〔7〕，□□□□〔8〕。
宛然左辟〔9〕，佩其象揥〔10〕。
維是褊心〔11〕，是以為刺〔12〕。

【注釋】

〔1〕糾糾葛屨：精緻的葛鞋。糾糾，線繩糾合得緊密的樣子。《毛傳》：「糾糾，猶繚繚也。」繚，纏繞。糾，三股纖維分別搓撚後又搓合在一起的繩。《說文》：「糾，繩三合也。」一說，「糾」為二合繩。《文選》賈誼《鵩賦》「糾」李善《注》引《字林》：「糾，兩合繩。」葛屨，用葛莖皮纖維撚編而成的單層底的鞋子。屨，鞋。《說文》：「屨，履也。」《段注》：「今時所謂履者，自漢以前皆名『屨』。」葛屨的透氣性很強，適合夏天穿用。《毛傳》：「夏葛屨，冬皮屨。」鞋子是由葛藤的莖皮纖維製的繩撚編而成的。「糾糾」形容葛鞋撚編得精緻結實。《周頌・良耜》：「其笠伊糾。」斗笠也是撚編而成的。葛屨，用葛莖皮纖維撚編而成的單層底的鞋子。

〔2〕可以履霜：怎麼能用它來踏霜？可以，即「何以」。可通何。可，溪母歌部；何，匣母歌部。溪、匣旁紐。俞樾《群經平議・毛詩二》「可以縫裳」按：「古『可』『何』字通用。」《墨子・非攻》：「此可謂知義與不義之別乎？」孫詒讓《墨子閒詁》：「可，舊本作何。」出土的戰國簡帛文獻中何、可通假的例子很多。履霜，踏霜。葛屨是夏天穿用的，不宜冬天穿用，故不宜踏霜。《毛傳》：「葛屨非所以履霜。」此句歌詞是反問句。

〔3〕摻摻女手：纖細柔弱的手。摻摻，即攕攕。摻，「攕」字的俗體。攕，讀為纖，手纖細之義。《魯詩》作「攕攕」。《韓詩》作「纖纖」。《韓說》：「纖纖，女手之貌。一作攕攕。」《毛傳》：「摻摻，猶纖纖也。」《說文》「摻」字《段注》：「其字本作『攕』，俗改為『摻』。非是。《遵大路》傳曰：『摻，擥也。』是『摻』字自有本義。」王先謙《集疏》：「陳喬樅云：『《呂記》引董氏云：「《石經》作攕，則《說文》所引據《魯詩》之文。」』摻、纖皆攕之假借。摻、纖同音，故得通用。」一說，「摻摻」形容手好。《說文》：「攕，手好貌。《詩》曰：『攕

摋女手。』漢人謂巧手為「纖纖」。《古詩十九首》:「纖纖擢素手,札札弄機杼。」女手,即柔弱的手。女通柔。女,泥母魚部;柔,日母幽部。泥、日準雙聲,魚、幽旁轉。參見《豳風·七月》注〔25〕。

〔4〕可以縫裳:怎麼能夠縫製衣裳?可以,何以。縫,動詞,縫製。裳,下衣。這裡代指衣裳。《鄭箋》:「裳,男子之下服。」鄭說誤。春秋時期男女衣服皆有裳。《鄭風·丰》:「衣錦褧衣,裳錦褧裳。」錦褧裳,女服。此句歌詞也是反問句。

〔5〕要之襋之:縫好上衣的襟領,又縫好了下衣的腰部。要,本義為人的腰部。《說文》:「要,身中也。」要,又指下衣最上邊的橫幅。穿裳時此橫幅處在人身體的腰部。《毛傳》:「要,禑也。」《孔疏》:「左執衣領,右執裳要。此『要』謂裳要,字宜從衣,故云『要,禑也。』」朱熹《集傳》:「要,裳要。」此句歌詞的「要」字為動詞,縫製衣服的要。之,代詞。指衣、裳。襋,衣服的襟領。襋通襟。襋,見母職部;襟,見母侵部。職、侵通轉。《毛傳》:「襋,領也。」《孔疏》:「要是裳要,則襋為衣領。」《爾雅·釋器》:「衣皆謂之襟。」郭璞《注》:「交領。」《說文》:「襋,衣領也。從衣,棘聲。《詩》曰:『要之襋之。』」《玉篇·衣部》:「襋,衣領也;衣衿也。」此句歌詞的「襋」字為動詞,指縫製上衣的交領和襟。古代的衣服交領和襟邊等寬,連在一起,通稱為「襋」。

〔6〕好人服之:讓國君夫人穿在身上。好人,美人、賢婦人。此蓋指國君夫人。好,本義為嘉女。引申為美、善之義。參見《周南·汝墳》注〔11〕。《說文》:「好,美也。」美貌亦稱「好」。《方言》第二:「自關而西秦晉之間凡美色或謂之好。」服之,把它穿在身上。

〔7〕好人提提:國君夫人多麼嫻雅。提提,即媞媞,安好貌。提,通媞。提、媞皆定母支部字。《魯詩》作「媞」。《毛傳》:「提提,安諦也。」安諦,心性安定。《爾雅·釋訓》:「媞媞,安也。」《廣雅·釋詁》:「媞,安也。」一說,「媞媞」為好貌。《楚辭·七諫·怨世》:「西施媞媞而不得見兮。」王逸《注》:「媞媞,好貌也。《詩》曰:『好人媞媞』也。」

〔8〕□□□□:闕文。今本《毛詩》原文下章比上章少四個字,疑「好人媞媞」之後有四字句的闕文。

〔9〕宛然左辟:她的髮式向左曲美地偏斜著。宛然,即婉然,好看的樣子。宛通婉。宛、婉皆影母元部字。宛、婉皆通彎。彎,影母元部。彎,彎曲。婉,曲美好看之義。《說文》:「婉,順也。」《玉篇·女部》:「婉,婉媚。」左辟,往

左邊偏斜。此指頭髮的梳理樣式。辟，本義為法律。《說文》：「辟，法也。」辟通僻。辟、僻皆滂母錫部字。齊、魯、韓三家《詩》作「宛如左僻」。《說文》：「僻，避也。从人，辟聲。《詩》曰：『宛如左僻。』」李富孫《詩經異文釋》卷五：「考文古本『宛』作『婉』，『辟』作『僻』。」辟、僻皆通偏、頗。偏，滂母真部；頗，滂母歌部。錫、真通轉，與歌部旁通轉。《說文》：「偏，頗也。」「頗，頭偏也。」《段注》：「引申為凡偏之偁。」《尚書·周書·洪范》：「無偏無頗。」國君夫人喜歡一種偏斜俏異的髮式。漢代的墮馬髻、倭墮髻，蓋源自春秋時的「左辟」髮式。《風俗通義·佚文·服妖》：「桓帝元嘉中，京師婦人作愁眉、啼妝、墮馬髻、折腰步、齲齒笑。愁眉者，細而曲折；啼妝者，薄拭目下若啼痕；墮馬髻者，側在一邊。」《後漢書·五行志》：「墮馬髻者，作一邊。」漢樂府詩《陌上桑》：「頭上倭墮髻，耳中明月珠。」晉崔豹《古今注·雜注》：「墮馬髻，今無復作者。倭墮髻，一云墮馬之餘形也。」

〔10〕佩其象揥：頭上插著一副象牙篦子。象揥，用象牙製成的小篦子。參見《鄘風·君子偕老》注〔13〕。《毛傳》：「象揥，所以為飾。」象揥是貴族夫人所佩的頭飾。

〔11〕維是褊心：因為我有一顆偏愛她的心。維是，有此。維，《魯詩》作「惟」。《列女傳·節義傳·魯秋潔婦》引《詩》「惟是褊心」，《魯詩》殘碑作「惟是褊心」。維、惟通有。維、惟，喻母微部；有，匣母之部。喻、匣通轉，微、之通轉。《文選·東京賦》薛綜《注》、《甘泉賦》李善《注》皆說：「惟，有也。」是，通此。是，禪母支部；此，清母支部。禪、清鄰紐。褊心，即偏心、偏私、偏愛，感情偏向某人。褊，本義為衣服狹小。《說文》：「褊，衣小也。」《論衡·自紀》：「形大，衣不得褊。」褊通偏。褊，幫母真部；偏，滂母真部。幫、滂旁紐。心，指愛心。《文選》嵇康《幽憤詩》：「惟此褊心，顯明臧否。」

〔12〕是以為刺：所以給她的衣服刺繡上了好看的黼黻圖案。是以，因此、所以。《豳風·九罭》：「是以有袞衣兮。」《小雅·蓼蕭》：「燕笑語兮，是以有譽處兮。」《小雅·正月》：「憂心愈愈，是以有侮。」《史記·屈原賈生列傳》：「屈原曰：『舉世混濁而我獨清，眾人皆醉而我獨醒，是以見放。』」為刺，作刺繡。為，作。《爾雅·釋言》：「作，為也。」《廣雅·釋詁》：「為，施也。」刺，讀為紩、黹、絺，刺繡。刺通紩、黹、絺。刺，清母錫部；紩，定母質部；黹、絺，端母脂部。定、端旁紐，與清母鄰紐；質、脂對轉，錫與質、脂通轉。《潛夫論·浮侈》：「碎刺縫紩。」汪繼培《箋》：「刺，與黹通。碎，疑當作䴬。䴬、黹、縫、

絩四字同義。」《論衡·程材》:「齊部（郡）世刺繡,恒女無不能。」刺繡又稱「黹繡」「絺繡」「希繡」。黹,字象用針繡出來的花紋圖案之形,本義為用針線繡出來的花紋。其動詞為刺繡之義。《爾雅·釋言》:「黹,絩也。」邢昺《疏》:「鄭注《司服》云:『黼黻希繡。希讀為黹。』謂刺繡也。」《說文》:「黹,箴縷所絩衣。从㡀、𢆶省。象刺文也。」《周禮·冬官·考工記》:「畫繢（繪）之事,雜五色。……青與赤謂之文,赤與白謂之章,白與黑謂之黼,黑與青謂之黻,五彩備謂之繡。」鄭玄《注》:「此言刺繡采所用,繡以為裳。」《左傳·昭公二十五年》:「為九文、六采、五章,以奉五色。」杜預《注》:「青與赤謂之文,赤與白謂之章,白與黑謂之黼,黑與青謂之黻,五色備謂之繡。」孔穎達《疏》:「五色,謂刺繡。」《尚書·虞書·益稷》:「黼、黻、絺、繡,以五采彰施于五色,作服。」孔穎達《疏》引鄭玄云:「絺,讀為黹。黹,絩也。……凡畫者為繪,刺者為繡。此繡與繪各有六,衣用繪,裳用繡。」《尚書釋文》:「絺,刺也。」《論衡·量知》:「繡之未刺,錦之未織,恒絲庸帛,何以異哉?」《正字通·子集·刀部》:「刺,針黹也。」《秦風·終南》:「君子至止,黻衣繡裳。」黻衣,繡有黻紋的上衣。《唐風·揚之水》:「素衣朱繡,從子于鵠。」素衣,白色絲絹上衣。朱繡,紅色的刺繡花紋。「素衣朱繡」為女子上衣。鄭玄所謂「衣用繪,裳用繡」之說非是。

【詩旨說解】

《葛屨》是一個中年婦女為國君夫人製衣時所唱的一支小曲的歌詞。這個中年婦女為國君夫人縫製衣裳,她一邊想像著國君夫人安嫻美麗的容貌,一邊欣賞著自己縫衣的技藝,心中有所憧憬,情發於聲,唱出一支動聽的小曲來。

「糾糾葛屨,可以履霜?」「摻摻女手,可以縫裳?」中年婦女自己一邊縫製著衣服一邊唱,這時她在口問心答:「葛屨只適合夏天穿用,當然不可以履霜。未成年女孩的手纖弱,經驗又少,當然不能為國君夫人縫裳。」刺繡不是一般女子所做的事,乃是有奇能的女子所做的事。《論衡·量知》:「恒女之手,紡績織經（紝）。如或奇能,織錦刺繡,名曰卓殊,不復與恒女科矣。」這位縫衣女在內心裏鄙薄別人的技藝,卻十分欣賞她自己的技藝。「要之襋之,好人服之」──她是懷著一種美好的心願精心為國君夫人縫製衣裳的。

「好人提提,□□□□。宛然左辟,佩其象揥」描述了國君夫人儀態安嫻、髮型俏異的樣子。「維是褊心,是以為刺」──縫衣女想像著國君夫人俏

麗的模樣，懷著崇敬和愛慕的心情，十分高興地為她繡衣。她認為給國君夫
人做衣裳是一件榮耀的事情。

此歌詞的第一章以一個「縫」字統領。「要之襋之」說的是縫製衣服的關
鍵部位。「要」和「襋」是衣服的關鍵部位，這兩處縫製得好與不好，關係到
衣服是否合體美觀。第二章以一個「刺」字統領。「是以為刺」說的是黹繡之
事。為衣、裳刺繡花紋圖案是做衣服的最後工序。此歌詞用「縫」和「刺」代
表縫製衣服的全部過程。

朱熹《集傳》：「此詩疑即縫裳之女所作。」其說甚是。

汾沮洳

> 彼汾沮洳〔1〕，言采其莫〔2〕。
> 彼其之子〔3〕，美無度〔4〕。
> 美無度，殊異乎公路〔5〕。
>
> 彼汾一方〔6〕，言采其桑〔7〕。
> 彼其之子，美如英〔8〕。
> 美如英，殊異乎公行〔9〕。
>
> 彼汾一曲〔10〕，言采其藚〔11〕。
> 彼其之子，美如玉〔12〕。
> 美如玉，殊異乎公族〔13〕。

【注釋】

〔1〕彼汾沮洳：汾水邊有一大片濕地。彼，那邊。汾，汾水，晉國的一條河流。《毛
　　傳》：「汾，水也。」《孔疏》：「汾是水名。」沮洳，被河水、湖水浸濕的土地。
　　《毛傳》：「沮洳，其漸洳者。」漸洳，浸濕。《孔疏》：「沮洳，潤澤之處。」

〔2〕言采其莫：我來這裡採集莫菜。言，語助詞。莫，野菜名。《毛傳》：「莫，菜
　　也。」陸璣《毛詩草木疏》：「莫，莖大如箸，赤節，節一葉，似柳葉，厚而長，
　　有毛刺，今人繰以取繭緒。其味酢而滑，始生可以為羹，又可生食。五方通謂
　　之『酸迷』，冀州人謂之『乾絳』，河、汾之間謂之『莫』。」汾水沮洳之處，
　　莫、藚、藚等野菜生長得很多。古時食物匱乏，酸迷草的嫩苗可以充當菜吃。

〔3〕彼其之子：河彼岸的那個男子。彼，那邊，彼岸。其，語助詞。之子，那個男
　　子。《鄭箋》：「之子，是子也。」

〔4〕美無度：長得俊美無比。無度，無法度量。這是誇讚之語。

〔5〕殊異乎公路：真比大貴族的公子哥還俊美。殊異，不同、差別極大。《論衡・書虛》：「夫世間傳書諸子之語，多欲立奇造異，作驚目之論，以駭世俗之人；為譎詭之書，以著殊異之名。」《論衡・自然》：「商鞅變秦法，欲為殊異之功。」殊，本義為死亡。《說文》：「殊，死也。」《玉篇・歹部》：「殊，死也。」殊通殳。殊、殳皆禪母侯部字。殳，又作「杸」，上古兵器，長丈二，有刺無刃。可持以刺殺或砸擊。《說文》：「殳，以杸殊人也。」「杸，軍中士所持殳也。」「殊」作為「杸」字的動詞形態，本為誅殺之義。此義不可取。殊通區。區，溪母侯部。禪、溪通轉。區，「甌」字的初文，從匸從品，品嘗祭品及食物的專用器具。朱芳圃《殷周文字釋叢》：「區當為『甌』之初文。」匸，方形盛物之器。《說文》：「匸，受物之器。象形。凡匸之屬皆從匸。讀若方。」品，從三口，口為匸中的小器皿，用多個器皿分類品嘗食物之義。《周禮・天官・膳夫》：「膳夫授祭，品嘗食。」鄭玄《注》：「品者，每物皆嘗之。」《國語・周語・定王論不用全烝之故》：「品其百籩。」《禮記・玉藻》：「君命之羞，羞近者，命之品嘗之。」以匸中多個小甌盛多種食物獻於神或人品嘗之，故「品」字又有物類眾多之義。徐中舒《甲骨文字典》：「《說文》：『品，眾庶也。從三口。』甲骨文所從之口形偏旁表示多種意義，品字所從之口，乃表示器皿。從三口者，象以多種祭物實於皿中以獻神，故有繁庶眾多之義。」以匸盛品（多個小甌），以品盛所要品之食物，嘗品內之食物以區別其味道，故「區」字又有區別之義。引申為異樣、類別不同之義。殊，與異、別同義。陳奐《傳疏》：「殊亦異也。」《字彙・辰集・歹部》：「殊，別也，異也。」《楚辭・九歎・惜賢》：「方圓殊而不合兮，鉤繩用而異態。」《九歎・愍命》：「惜今世其何殊兮，遠近思而不同。」《淮南子・本經訓》：「萬殊為一。」高誘《注》：「殊，異也。一，同也。」《史記・太史公自序》：「法家不別親疏，不殊貴賤。」「殊」字典籍多用為異、區分、不同之義，其本義遂晦而不彰。異，金文字象兩手分瓜之形，本義以手分物於人。引申為不同之義。《說文》：「異，分也。」《段注》：「分之則有彼此之異。」《釋名・釋天》：「異者，言異於常也。」《邶風・靜女》：「洵美且異！」《小雅・我行其野》：「亦祇以異。」《尚書・周書・旅獒》：「王乃昭德之致于異姓之邦。」參見《邶風・靜女》注〔10〕。乎，通于，介詞。公路，晉國官名，上層貴族子弟的封職，大夫級別，掌管國君路車、戎車。《毛傳》：「路，車也。」《鄭箋》：「公路，主君之輅車，庶子為之。晉趙盾為輅車

之族是也。」《孔疏》:「公路與公行,一也。以其主君路車謂之『公路』,主兵車之行列者則謂之『公行』,正是一官也。」此歌詞中「殊異」一詞可理解為超過,「公路」代指社會上層貴族公子。歌者誇讚她在汾水邊遇到的一個普通貴族男子,說他的俊美文雅程度超過了上層貴族男子。

〔6〕彼汾一方:那汾水的一側。一方,一旁、一側。方通旁。方,幫母陽部;旁,並母陽部。幫、并旁紐。馬瑞辰《通釋》:「方、旁古通用。一方,即一旁也。」

〔7〕桑:薚的借字。桑,心母陽部;薚,透母陽部。心、透鄰紐。聞一多《詩經通義·乙》:「莫、藚皆草屬,桑非其倫,不當並舉。疑桑當為薚,聲之誤也。」薚,蓫薚,又名「牛蘈」「蔏陸」「羊蹄菜」,草本植物,生於水邊濕地,其根入藥,莖葉可為菜。《爾雅·釋草》:「蓫薚,馬尾。」郭璞《注》:「《廣雅》曰:『馬尾,蔏陸。』《本草》云,別名薚。」《玉篇·艸部》:「蔏陸,蓫 也。」《小雅·我行其野》:「我行其野,言採其蓫。」《毛傳》:「蓫,惡菜也。」《鄭箋》:「蓫,牛蘈也,亦仲春時生,可採也。」蓫雖是惡菜,亦可食之,貧者所需。

〔8〕美如英:他的衣服美如花。英,草木的花。《爾雅·釋木》:「榮而不實者謂之英。」《說文》:「英,艸榮而不實者。」此句歌詞的「英」蓋指衣服華美。這句也是誇讚之語。《楚辭·九歌·雲中君》:「浴蘭湯兮沐芳,華采衣兮若英。」一說,「英」是英傑之義。《毛傳》:「萬人為英。」若依此說,「美如英」於語法不通。此句中「英」字謂貌而不謂才。

〔9〕公行:晉國官名,大夫級別,掌管國君出行事務。《毛傳》:「公行,從公之行也。」《鄭箋》:「從公之行者,主君兵車之行列。」

〔10〕彼汾一曲:那汾水的一個彎曲處。一曲,一個彎曲處。

〔11〕藚:野菜名。即澤瀉,一種淺水中多年生草本植物,其根可以入藥,其莖葉嫩時可充作菜。《毛傳》:「藚,水舄也。」陸璣《毛詩草木疏》:「藚,今澤蕮也。其葉如車前草大,其味亦相似。」

〔12〕美如玉:像玉一樣白而有光彩。這句歌詞誇讚男子膚色如白玉一樣。

〔13〕公族:晉國的官名,大夫級別。公族是掌管教育公族子弟等族內事務的官職。《毛傳》:「公族,公屬。」《鄭箋》:「公族,主君同姓昭穆也。」據《左傳》等書記載,晉獻公時晉國發生了「麗姬之亂」,麗姬迫害群公子,要求晉獻公取消了晉國的「公族」等職務設置。自晉獻公二十二年(公元前655年)到晉成公元年(公元前607年),晉國近五十年一直未設「公族」「公行」等職務。

晉成公即位，乃復設立「公族」「餘子」「公行」三職，以「群公子」充任，其中「公族」一職由「卿之適（嫡）」充任。《左傳・宣公二年》：「初，麗姬之亂，詛無畜群公子，自是晉無公族。及成公即位，乃宦卿之適子，而為之田，以為公族，又宦其餘子，亦為餘子，其庶子為公行。晉於是有公族、餘子、公行。趙盾請以括為公族，曰：『君姬氏之愛子也。微君姬氏，則臣狄人也。』公許之。」《左傳・襄公十六年》：「平公即位，羊舌肸為傅，張君臣為中軍司馬，祁奚、韓襄、欒盈、士鞅為公族大夫，虞丘書為乘馬御。」《左傳・昭公五年》：「韓襄為公族大夫。」《國語・晉語・悼公即位》：「欒伯請公族大夫。」韋昭《注》：「公族大夫，掌公族與卿之子弟。」劉向《列女傳・賢明傳・晉趙衰妻》：「及盾為正卿，思趙姬之讓恩，請以姬之中子屏、括為公族大夫。曰：『君姬氏之愛子也。微君姬氏，則臣狄人也，何以至此！』成公許之。屏、括遂以其族為公族大夫。」

【詩旨說解】

《汾沮洳》是婚戀求偶情歌歌詞。春日裏，一個女子在汾水旁邊以採野菜為名，行求偶之實。她在汾水邊上唱情歌，向汾河另一邊的男子發出了求偶的信號。「彼其之子，美無度。美無度，殊異乎公路」「彼其之子，美如英。美如英，殊異乎公行」「彼其之子，美如玉。美如玉，殊異乎公族」——她如此誇讚「彼其之子」，目的就是吸引那個男子跟她婚戀。

這篇歌詞全部都是誇讚「彼其之子」的話語。用巧言誇讚對方，是《詩經》中情歌的突出特點之一。

園有桃

園有桃〔1〕，其實之殽〔2〕。
心之憂矣〔3〕，我歌且謠〔4〕。
不我知者〔5〕，謂我士也驕〔6〕。
彼人是哉〔7〕，子曰何其〔8〕？
心之憂矣，其誰知之？〔9〕
其誰知之？蓋亦勿思〔10〕！

園有棘〔11〕，其實之食〔12〕。
心之憂矣，聊以行國〔13〕。

不我知者，謂我士也罔極〔14〕。
彼人是哉，子曰何其？
心之憂矣，其誰知之？
其誰知之？蓋亦勿思！

【注釋】

〔1〕園有桃：我家的果園中種植著一些桃樹。園，有樊籬的果林、菜地。《說文》：「園，所以樹果也。」《周禮·地官·載師》：「以場圃任園地。」鄭玄《注》：「樊圃謂之園。」桃，桃樹。

〔2〕其實之殽：它的果子是可口的美食。其實，它的果實。之，通是。殽，本義為錯雜、雜亂之義。《說文》：「殽，相錯雜也。从殳，肴聲。」殽通肴。殽、肴皆匣母宵部字。肴，本義為帶骨頭的熟肉。《古文苑·蜀都賦》：「膾鮫龜肴。」宋章樵《注》：「熟肉連骨曰肴。」《左傳·宣公十六年》：「宴有折俎。」杜預《注》：「體解節折，升之於俎，物皆可食，所以示慈惠也。」孔穎達《疏》：「王為公侯設宴禮，體解節折，升之於俎，即殽烝是也。」肴，又泛指做熟的魚類和肉類。引申為美食之義。《說文》：「肴，啖也。从肉，爻聲。」《段注》：「按許當云『啖肉也』，謂熟饋可啖之肉。今本有奪字。」《大雅·韓奕》：「韓侯出祖，出宿于屠。顯父餞之，清酒百壺。其殽維何，炰鱉鮮魚。其蔌維何，維筍及蒲。」《廣雅·釋器》：「肴，肉也。」《玉篇·肉部》：「肴，啖肉也。」《楚辭·招魂》：「肴羞未通，女樂羅些。」王逸《注》：「魚、肉為肴。」一說，殽為祭祀的供品。《小雅·賓之初筵》：「籩豆有楚，殽核維旅。」《毛傳》：「殽，豆實也。核，加籩也。」《鄭箋》：「豆實，菹醢也。籩實，有桃梅之屬。凡非穀而食之曰殽。」毛亨說「殽」是豆中盛放的肉類祭品，「核」是籩裏盛放的果類祭品。鄭玄又把「殽」解釋為「非穀而食」，釋義比毛亨寬泛些。此歌詞謂果類為「殽」，是廣義的肴。桃子可作婚戀的媒物，又是婚姻、愛情甜蜜的象徵物。歌者說他家的園子裏有極好的桃子，是有用意的。

〔3〕心之憂矣：我的心中很憂愁呀。歌者的婚戀失敗了，所以他說「心憂」。

〔4〕我歌且謠：我一邊唱一邊訴說心中的苦惱。歌，行腔謳歌。謠，一種語言傳播形式，用韻言徒說，語言句式自由。謠在歌中屬於「徒說」的成分。童謠是謠的典型形式。戴侗《六書故·人四》「謠」字下：「歌必有度曲聲節，謠則但搖曳永（詠）誦之。童兒皆能為之，故有童謠也。」《韓說》：「有章曲曰歌，無

章曲曰謠。」這又是一種說法。章曲，固定的語言格式和曲調。「我歌且謠」就是邊唱邊說，唱中有說。一說，無樂器伴奏的徒歌為謠。《毛傳》：「曲合樂曰歌，徒歌曰謠。」《爾雅·釋樂》：「徒歌謂之謠。」《國風》中有大量的野外情歌，皆無樂器伴奏，但不能稱之為「謠」。此說誤。

〔５〕不我知者：不瞭解我的人。不我知，即「不知我」。古漢語習慣以「不我」為辭，賓詞前置。《召南·汝墳》：「不我遐棄。」《召南·江有汜》：「不我以。」《鄭風·芄蘭》：「能不我知？」《鄭風·褰裳》：「子不我思。」《論語·陽貨》：「日月逝矣，歲不我與。」《孟子·萬章上》：「父母之不我愛。」知，瞭解。《王風·黍離》：「知我者，謂我心憂。不知我者，謂我何求。」者，代詞，此指代人。

〔６〕謂我士也驕：說我這個人有些驕狂。謂我，說我，評論我。謂，通曰，說。參見《召南·行露》注〔４〕。《邶風·谷風》：「誰謂荼苦？」《衛風·河廣》：「誰謂河廣？」士，貴族男子。驕，本義為馬高大健壯。引申為人自大、高傲之義。《左傳·隱公三年》：「驕奢淫泆。」

〔７〕彼人是哉：那個人就是我要選擇的人呀。彼人，那個人。指舊情人。是，正確。此謂最佳選擇。此情歌是一個求偶失意的男子唱給一個與他有舊情的女子聽的，他雖未直呼其名，但對方能夠「晤其歌」，心中明白這個男子要選擇的人就是她。

〔８〕子曰何其：即「子曰其何」，你說是誰呢？子曰，你說。「子」為泛指。何，誰，哪一個。其，語助詞。

〔９〕其誰知之：我心裏這樣想有誰知道呀？其，語助詞。

〔１０〕蓋亦勿思：何不不再去想她！蓋亦，即「盍也」，為什麼不。蓋通盍。蓋，見母盍部；盍，匣母盍部。見、匣旁紐。盍，何不。高亨《詩經今注》：「蓋，讀為盍，何不。」袁梅《詩經譯注》：「蓋、盍古通。盍，『何不』之合呼，義亦同。」《玉篇·皿部》：「盍，何不也。」《小雅·黍苗》：「蓋云歸處？」《論語·公冶長》：「盍各言爾志。」亦，通也，語助詞。勿思，同不思、無思，不思念。「蓋亦勿思」是男子的自責之辭。不思是假，思才是真。《齊風·甫田》：「無思遠人，勞心忉忉。」

〔１１〕棘：棗樹。《毛傳》：「棘，棗也。」棘，本義為野棗樹。《說文》：「棘，小棗叢生者。」此歌詞中「棘」與「桃」對文。「棘」與「桃」都生長在園內，「棘」

一定是人工種植的棗樹，非野棗樹。《說文》「棗」字《段注》：「棘即棗也。析言則分棗、棘，統言則曰『棘』。」

〔12〕其實之食：它的果子是很好的食物。食，食物。此指美味。棗子是一種甜果，它象徵生活的甜蜜。

〔13〕聊以行國：我且唱著歌在都城內的街道上行走。聊，通憀，且。參見《邶風·泉水》注〔6〕。行國，行走於國都中的街道上。男子的婚戀失敗了，他的相思之情難以排遣，要唱著歌在國都的街巷中行走，讓城裏的人知道他的求偶態度很真誠。在都城裏的道路上行歌，是一種過激的行為，為周王朝所禁止。《周禮·秋官·銜枚氏》：「禁嘂呼歎鳴于國中者、歌哭于國中之道者。」這個求偶失意的男子，並非真的要在都城內行走唱歌，他只是用歌曲表白自己的心跡而已。

〔14〕謂我士也罔極：說我這個人違背常規做事沒有準則。罔極，無極、不正、無常，即沒有準則。參見《衛風·氓》注〔33〕。《毛傳》：「極，中也。」《大雅·民勞》：「無縱詭隨，以謹罔極。」《鄭箋》：「罔，無。極，中。無中，所行不得中正。」「士也罔極」蓋為周代俗語。

【詩旨說解】

《園有桃》是一個求偶失意的男子在婚戀集會場合所唱情歌的歌詞。該男子與他的女友分手之後，一直在自責。為此，他在這次的婚戀集會上「歌且謠」，並說要在國都內唱著歌謠滿大街行走。他想以此情歌向他的舊情人表白其懊悔之意。

「園有桃」「園有棘」是情歌的標誌性語言。古代男女婚戀相會時常常用樹上的果實作媒物傳情示意。歌者在情歌中唱到「桃」和「棘」，是為了讓他的前女友聯想到愛情和婚姻的甜蜜，早早地迴心轉意。

陟岵

陟彼岵兮〔1〕，瞻望父兮〔2〕。
父曰〔3〕：嗟！予子行役〔4〕，夙夜無已〔5〕。
上慎旃哉〔6〕！猶來，無止〔7〕！

陟彼屺兮〔8〕，瞻望母兮〔9〕。
母曰：嗟！予季行役〔10〕，夙夜無寐〔11〕。
上慎旃哉！猶來，無棄〔12〕！

　　　陟彼岡兮〔13〕，瞻望兄兮〔14〕。
　　　兄曰：嗟！予弟行役，夙夜必偕〔15〕。
　　　上慎旃哉！猶來，無死〔16〕！

【注釋】

〔1〕陟彼岵兮：登上一座孤立的小山包呀。陟，登。彼，那個。岵，通孤，孤峰小山。岵，匣母魚部；孤，見母魚部。匣、見旁紐。一說，「岵」是無草木的小山。《毛傳》：「山無草木曰岵。」一說，「岵」是有草木的小山。《魯說》：「山多草木，岵。」《爾雅・釋山》：「（山）多草木，岵。」《說文》：「岵，山有草木也。」《釋名・釋山》：「山有草木曰岵。」一說，有木無草的小山為「岵」。《韓說》：「有木無草曰岵。」

〔2〕瞻望父兮：讓我前來登山遠告的是你的父親呀。瞻望，遠望。《邶風・燕燕》：「瞻望弗及。」父，父親。指亡者的家父。

〔3〕父曰：你的父親這樣說。「父曰」及以下「母曰」「兄曰」，皆是巫師的代言。

〔4〕嗟！予子行役：哎！我的兒子出遠門去服役了。予，我，我的。《鄭箋》：「予，我。」子，兒子。行役，泛指遠行打仗、戍衛、勞作等。《周禮・地官・州長》：「若國作民而師田行役之事，則帥而致之，掌其戒令與其賞罰。」賈公彥《疏》：「師謂征伐，田謂田獵，行謂巡狩，役謂役作。」桓寬《鹽鐵論・備胡》：「行役戍備，自古有之，非獨今也。」

〔5〕夙夜無已：從早到晚幹活沒個完。夙夜，從早到晚。夙，早。夜，晚。《鄭箋》：「夙，早。夜，莫（暮）也。」無已，不已，不停地做事。《魯詩》作「勿已」。《鄭箋》：「無已，無懈倦。」

〔6〕上慎旃哉：你多加小心吧！上慎，多加小心。上，通尚。尚，加。此為加倍、特別之義。上、尚皆禪母陽部字。《魯詩》作「尚」。慎，謹慎、小心。旃哉，同者哉、之哉，句末感歎詞。旃通者。旃，照母元部；者，照母魚部。元、魚通轉。旃又通之。之，照母之部。元、之旁通轉。《毛傳》：「旃，之。」「者哉」「之哉」在上古漢文獻中多見。《孟子・滕文公下》：「子何尊梓匠輪輿而輕為仁義者哉？」《論語・為政》：「大車無輗，小車無軏，其何以行之哉？」

〔7〕猶來，無止：你一定要回到家中來，不要停留在外地！猶來，還來。猶，尚、還。馮登府《三家詩異文疏證補遺》：「《魯詩・抑》『白圭之玷，猶可磨也』，《毛》作尚。」此歌詞中「猶」為強調詞，即「一定要」。一說，「猶」為可以

之義。《毛傳》:「猶,可也。」無止,毋止。不要停留於外地。無,毋,不要。止,停留。父親盼望兒子的靈魂快快歸到故鄉來。

〔8〕屺:通岐,與「岵」相對,雙峰的小山。屺,溪母之部;岐,群母支部。溪、群旁紐,之、支旁轉。《釋名·釋道》:「物兩為岐。」一說,「屺」是有草木的小山。《毛傳》:「山有草木曰屺。」一說,無草木的小山為「屺」。《魯說》:「山無草木,垓(屺)。」《說文》:「屺,山無草木也。」一說,「屺」是有草無木的小山。《韓說》:「有草無木曰屺。」

〔9〕瞻望母兮:讓我前來登山遠告的是你的母親呀。母,母親。指亡者的家母。

〔10〕予季:我的小兒子。季,年少。排在兄弟、姊妹行末的稱為「季」。《毛傳》:「季,少子也。」《說文》:「季,少偁也。从子,从稚省,稚亦聲。」稚、季互訓。

〔11〕夙夜無寐:白天黑夜都不能好好地睡覺。無寐,不睡覺。即睡不好覺。一說,「無寐」即無已。王引之《經義述聞·毛詩上》:「引之謹案,寐讀為沬。無寐,猶無已也。《楚辭·離騷》曰:『芬至今猶未沬。』《招魂》曰:『身服義而未沬。』王逸《注》並云:『沬,已也。』作寐者,假借字耳。」此說亦通。

〔12〕猶來,無棄:你一定要回到家中來,不要死在外地被棄於曠野!無棄,不要被人拋棄於曠野。無,毋。棄,指棄屍於曠野。

〔13〕陟彼岡兮:登上一座小山呀。岡,山脊。參見《周南·卷耳》注〔9〕。此指小山。招魂這種巫事,不必去登大山。一般做法是登上屋頂,象徵登上了山頭。巫師說他登上了「岵」「屺」「岡」,是假設性的巧言說法。

〔14〕瞻望兄兮:讓我前來登山遠告的是你的兄長呀。兄,兄長。指亡者的家兄。

〔15〕夙夜必偕:你白天黑夜都與同伴一起執勤。偕,一同,一起。指與同伴一起執勤或勞作。《毛傳》:「偕,俱也。」朱熹《集傳》:「必偕,言與同儕同作同止,不得自如也。」《秦風·無衣》:「與子偕作。」「與子偕行。」

〔16〕猶來,無死:你一定要回到家中來,不要死在他鄉!無死,不要死在他鄉。

【詩旨說解】

《陟岵》是一篇招魂的巫詞。一個貴族的兒子在外地服役,或因戰、因病死在外地,屍體不得運回家鄉葬入故土。消息傳到了他的家鄉,其家人請巫師行招魂復魄之禮(又稱「復禮」)。巫師假託死者家人的口氣,登上高處,高聲唱誦招魂詞,招喚死者之魂還歸故里。這篇招魂詞大概是巫師所作。

　　《舊唐書・宗室李孝基傳》：「（武德）二年，劉武周將宋金剛來寇汾、
澮，……大戰於夏縣，王師敗績。孝基與唐儉等皆沒於賊，後謀歸國，為武周
所害。高祖為之發哀，廢朝三日，賜其家帛千匹。賊平，購其屍不得，招魂而
葬之。」唐張籍《征婦怨》詩：「九月匈奴殺邊將，漢軍全沒遼水上。萬里無
人收白骨，家家城下招魂葬。」唐朝的「招魂葬」淵源有自。

十畝之間

　　　十畝之間兮〔1〕，桑者閑閑兮〔2〕。
　　　行，與子還兮〔3〕！

　　　十畝之外兮〔4〕，桑者泄泄兮〔5〕。
　　　行，與子逝兮〔6〕！

【注釋】

〔1〕十畝：地名。「十」蓋「千」之訛。古文字「十」與「千」形近。此句歌詞的
　　「十畝」當為「千畝」之誤。古制一夫百畝。「十畝」地塊似太小，不足以載
　　桑林。《鄭箋》：「古者一夫百畝，今十畝之間，……削小之甚。」晉國有「千
　　畝」地名，是山區的一塊小平原，其地為魏悼子所轄。畢萬受封於魏，畢萬的
　　後人魏犨之子魏悼子自晉南魏地徙居霍。《左傳・桓公二年》：「其（按：指晉
　　穆侯太子姬仇）弟以千畝之戰生，命之曰成師。」杜預《注》：「西河介休縣南
　　有地名千畝。」楊伯俊《春秋左傳注》：「『千畝』之地有二。『千畝戰役』亦有
　　二。一為周地，戰役在周宣王三十九年，《國語・周語》所謂『宣王即位，不
　　籍千畝，三十九年戰於千畝，王師敗績於姜氏之戎』者是也。一為晉地，當在
　　今山西省安澤縣北九十里。杜《注》以『千畝』在今之介休縣，恐不確。」「千
　　畝」在安澤縣北九十里，其地距離霍邑很近。之間，千畝大田之中。千畝田野
　　中有大片的桑林，民社就在桑林裏。桑林中的社神是主宰生殖的神靈。人們在
　　桑林中向社神求雨祈穀，祈求生育，並且在桑林中進行婚戀活動。春秋時齊、
　　宋、燕、楚、衛、晉等諸侯國皆有社日「會男女」的活動。《墨子・明鬼下》：
　　「燕之有祖，當齊之社稷，宋之有桑林，楚之有雲夢也。此男女之所屬而觀
　　也。」祖，「沮」的借字。沮，沮澤。「稷」字為衍文。參見《鄘風・桑中》注
　　〔5〕。春秋時期晉國霍地民間社日有祭社神和男女集會活動，青年男女集會於
　　「千畝」之桑林，談情說愛，場面熱鬧。

〔2〕桑者閑閑兮：桑樹長得高大而又茂盛啊。桑者，桑樹。者，通之，助詞。者，
照母魚部；之，照母之部。魚、之旁轉。一說，「桑者」是採桑之人。《毛傳》：
「閑閑然，男女無別，往來之貌。」《鄭箋》：「往來者閑閑然。」此說非是。
閑閑，高大之貌。《大雅・皇矣》：「臨衝閑閑，崇墉言言。」閑閑，謂臨、衝
戰車高大。王引之《經義述聞・毛詩中》「臨衝閑閑」條下：「家大人曰：『言
言、仡仡，皆謂城之高大。』則閑閑、莘莘，亦皆謂車之強盛。莘莘，或作
勃勃。《廣雅》曰：『閑閑、勃勃，盛也。』」言通圪、岩，皆有高義。言，疑
母元部；圪，疑母物部；岩，疑母談部。元、物旁對轉，元、談通轉。《說文》：
「圪，牆高也。《詩》曰：『崇墉圪圪。』」岩岩，山高聳貌。《魯頌・閟宮》：
「泰山岩岩，魯邦所詹。」閑閑、言言、岩岩皆為高崇之義。此歌詞中「閑
閑」形容桑林中社樹高大之貌。

〔3〕行，與子還兮：走，我與你一起快快前往吧！行，走。子，你。還，通趲。
還，匣母元部；趲，曉母元部。匣、曉旁紐。趲，疾行。《玉篇・走部》：
「趲，疾行也。」《集韻・先韻》：「趲，疾走。」《廣韻・仙韻》：「趲，疾
走貌。」《釋文》：「還，本亦作『旋』。」旋亦通　。旋，邪母元部。邪、曉
通轉。

〔4〕十畝之外：「千畝」的周圍。外，外邊。先秦時期各地普遍種植桑樹，皆有桑
林。《禮記・月令》：「命野虞毋伐桑柘。」《鄘風・桑中》：「期我乎桑中。」《鄘
風・定之方中》：「降觀于桑。」《豳風・七月》：「女執懿筐，遵彼微行，爰求
柔桑。」《豳風・東山》：「蜎蜎者蠋，烝在桑野。」《小雅・隰桑》：「隰桑有阿，
其葉有難。」馬瑞辰《通釋》：「古者野田不得樹桑。」其說大誤。晉國也有大
片的桑林，霍地「千畝」之中的桑林為其一。

〔5〕桑者泄泄：桑樹的葉子在風中搖擺。泄泄，桑葉在風中擺動的樣子。泄，通泄、
曳。泄，心母月部；泄、曳，皆喻母月部字。心、喻鄰紐。曳，甲骨文金文
象兩手拖引之形，會牽引、拖曳之意。《玉篇・曰部》：「曳，申也，牽也，引
也。」風吹樹，枝葉搖動，如被扯曳一樣。《文選・海賦》：「於是舟人漁子，
徂南極東……或挈挈泄泄於裸人之國，或泛泛悠悠於黑齒之邦。」李善《注》：
「挈挈泄泄，任風之貌。」挈，與「泄」「曳」字義相同。「挈挈泄泄」是描繪
風吹衣服的情狀。大片的桑林之外，還有小片的桑林，青年男女也可以到那裡
去談情說愛。

〔6〕與子逝兮：我與你一起到那裡去吧。逝，又作「遾」，往、到、及、至。參見
　　《邶風‧谷風》注〔20〕。《方言》第一：「逝，徂，適，往也。……逝，秦晉
　　語也。徂，齊語也。適，宋魯語也。往，凡語也。」

【詩旨說解】

　　《十畝之間》是婚戀情歌歌詞。晉國「千畝」之中的桑林，是霍地青年
男女婚戀活動的一個場所。青年男女二人前往「千畝」之中的桑林，在途中
走得相近了，男子就唱情歌邀請女子一同到桑林裏去。「桑者閑閑」「桑者泄
泄」表面上是贊社樹、桑林之美，本意則是引誘女子與他一同前往桑林裏談
情說愛。這篇歌詞反映了晉國民間男女自由婚戀的風俗。

　　姚際恒《詩經通論》評論《十畝之間》說：「此類刺淫之詩。……古西北
之地多植桑，與今絕異，故指男女之私者必曰『桑中』也。」此說尚可，「刺
淫」非是。

伐檀

　　坎坎伐檀兮〔1〕，寘之河之干兮〔2〕，河水清且漣猗〔3〕！
　　不稼不穡〔4〕，胡取禾三百廛兮〔5〕？
　　不狩不獵〔6〕，胡瞻爾庭有縣貆兮〔7〕？
　　彼君子兮〔8〕，不素餐兮〔9〕！

　　坎坎伐輻兮〔10〕，寘之河之側兮〔11〕，河水清且直猗〔12〕！
　　不稼不穡，胡取禾三百億兮〔13〕？
　　不狩不獵，胡瞻爾庭有縣特兮〔14〕？
　　彼君子兮，不素食兮〔15〕！

　　坎坎伐輪兮〔16〕，寘之河之漘兮〔17〕，河水清且淪猗〔18〕！
　　不稼不穡，胡取禾三百囷兮〔19〕？
　　不狩不獵，胡瞻爾庭有縣鶉兮〔20〕？
　　彼君子兮，不素飧兮〔21〕！

【注釋】

〔1〕坎坎伐檀兮：「坎坎」地砍伐檀樹呀。坎坎，同欿欿、竷竷、欱欱，象聲詞，
　　用刀斧砍斫樹木的聲音。坎、欱、竷，溪母談部；欽，溪母侵部。談、侵旁轉。
　　《魯詩》作「欱欱」，《齊詩》作「竷竷」。《齊說》：「斫木聲。」《毛傳》：「坎

坎，伐檀聲。」鼓聲亦用「坎坎」來形容。《小雅·伐木》：「坎坎鼓我。」《陳風·宛丘》：「坎其擊鼓。」鐘聲用「欽欽」來形容。《小雅·鼓鍾》：「鼓鍾欽欽。」伐，以斧、鋸等工具治木。檀，檀樹。檀樹是造車的良材。《小雅·杕杜》：「檀車幝幝。」《大雅·大明》：「檀車煌煌。」

〔2〕寘之河之干兮：砍伐下來把它堆放在黃河的岸邊呀。寘，放置，安置。《毛傳》：「寘，置也。」參見《周南·卷耳》注〔4〕。之，于。《齊詩》作「諸」。班固《漢書·地理志》引《齊詩》：「寘諸河之側兮。」諸，之、于的合音。河之干，黃河的岸邊。干，通岸。干，見母元部；岸，疑母元部。見、疑旁紐。《毛傳》：「干，厓也。」厓，同崖，本義為山崖。《說文》：「厓，山邊也。」《段注》：「高邊側曰崖。」厓通涯。厓、涯皆疑母支部字。涯，水邊。《說文》：「涯，水邊也。」晉南的山上生長著許多檀樹。黃河岸邊有晉國的造車場。晉國人可以利用水力從晉南山上把伐下來的檀樹運輸到黃河邊，然後運至造車場。

〔3〕河水清且漣猗：清清的河水在微風中泛起漣漣的波紋啊！清，水清。一般情況下，黃河水是黃色的。《左傳·襄公八年》記鄭國子駟引逸《周詩》：「俟河之清，人壽幾何？」《爾雅·釋水》：「河出崑崙虛，色白。所渠並千七百，一川色黃。」春秋時期，春天黃河緩流區的水大概是清的，在夏秋雨季漲水期水色才會變黃。黃河水也有清澈的時候。顧炎武《日知錄》卷三十「黃河清」條下羅列了數條歷史上黃河清澈的記錄，其中一條說：「元順帝至正二十一年十一月戊辰，黃河自平陸三門磧以下至孟津，五百餘里皆清，凡七日。」「黃河」之名最早見於《漢書·高惠高后文功臣表第四》漢高祖封爵的誓文。誓文曰：「使黃河如帶，泰山若厲，國以永存，爰及苗裔。」先秦所稱「河」，漢代又稱「濁河」，「黃河」尚非其專名。漢代以後，由於黃河上游植被毀壞日益嚴重，河水的含沙量大增。魏晉時期的文獻中多見「黃河」之專稱。漣，「瀾」字的異體字，風吹起的大波紋。漣、瀾皆來母元部字。《毛傳》：「風行水波成文曰『漣』。」《爾雅·釋水》：「『河水清且瀾漪』，大波為瀾。」《說文》：「瀾，大波為瀾。從水，闌聲。漣，瀾或從連。」《段注》：「『瀾或從連。』古闌、連同音。故瀾、漣同字。後人乃別為異字異義異音。」《孟子·盡心上》：「觀水有術，必觀其瀾。」趙岐《注》：「瀾，水中大波也。」《釋名·釋水》：「風吹水波成文曰瀾。瀾，連也，波體轉流相及連也。」猗，通兮，語氣詞。猗，影母歌部；兮，匣母支部。影、匣鄰紐，歌、支旁通轉。《魯詩》作「兮」。宋洪适《隸釋·石經魯詩殘碑》：「兮，毛作猗。」馬无咎《漢石經集存·魯詩·三七·

詩魏風》：「與《毛詩》異者，如猗作兮。」《尚書・周書・秦誓》「斷斷猗」，
《禮記・大學》引作「斷斷兮」。朱熹《集傳》：「猗，與兮同，語詞也。《書》
『斷斷猗』《大學》作『兮』，《莊子》亦云『而我猶為人猗』是也。」

〔4〕不稼不穡：你不親手種莊稼也不親手收取莊稼。稼，本義為種植五穀。《毛傳》：
「種之曰稼。」《周禮・地官・司稼》鄭玄《注》：「種穀曰稼。」穡，字本作
「嗇」，本義為收取莊稼入倉。《毛傳》：「斂之曰穡。」《魯詩》作「嗇」。《隸
釋・石經魯詩殘碑》：「『不稼不嗇』，毛作穡。」《尚書・商書・盤庚》：「若農
服田，力穡乃亦有秋。」孔安國《傳》：「穡，耕稼也。」孔穎達《疏》：「種之
曰稼，斂之曰穡，穡是秋收之名，得為耕獲揔稱，故云『穡，耕稼』。」此歌
詞「稼」「穡」泛指幹農活。

〔5〕胡取禾三百廛兮：為什麼能聚藏相當於三萬畝土地所產的糧食呢？胡，通何，
為什麼。《鄭箋》：「胡，何。」取，通聚。取，清母侯部；聚，從母侯部。清、
從旁紐。聚，會聚；聚藏。禾，字象穀子垂穗之形，本義為穀子。又泛指農作
物。《說文》：「禾，嘉穀也。二月始生，八月而熟。」春秋時期穀子是中國北方
地區主要的農作物。三百廛，三百家。周制，下大夫轄農戶三百家。《易・訟
卦》：「不克訟，歸而逋其邑人三百戶，无眚。」孔穎達《疏》：「『三百戶』者，
鄭注《禮記》云：『小國下大夫之制。』」《論語・憲問》：「或問子產。子曰：『惠
人也。』……問管仲。曰：『（仁）人也，奪伯氏駢邑三百，飯蔬食，沒齒無怨
言。』」齊國伯氏的駢邑有農戶三百家。蓋齊國下大夫亦擁有三百戶之邑。晉國
的情況應與齊國大致相同。當時大國的下大夫轄民三百戶。三百，是確數。廛，
田野中一戶農家的居住地。《毛傳》：「一夫之居曰廛。」《周禮・地官・遂人》：
「夫一廛，田百畝。」《孟子・滕文公上》：「願受一廛而為氓。」周代田野之民
一家人（以五口計）的耕地約一百畝。《孟子・滕文公上》：「周人百畝而徹。」
《孟子・梁惠王上》：「百畝之田，勿奪其時，數口之家可以無饑矣。」《孟子・
萬章下》：「耕者之所獲，一夫百畝。」此歌詞中「三百廛」指三百個男勞動力
所耕種的三萬畝土地的貢賦；「彼君子」是一個造車官，相當於諸侯國的下大
夫級別，其食俸相當於一個擁有三百戶采邑的下大夫的土地收入。

〔6〕不狩不獵：從來都不打獵。狩、獵，泛指打獵。狩，冬天打獵。參見《鄭風・
叔于田》注〔6〕。獵，打野獸。《說文》：「獵，放獵逐禽也。」《段注》：「獵，
捷。《白虎通》曰：『四時之田，總名為獵。』」一說，夜間打獵為「獵」。《鄭
箋》：「宵田曰獵。」

〔7〕胡瞻爾庭有縣狟兮：為什麼看到你家的庭院中懸掛著貛呢？胡，為什麼。瞻，看到。《爾雅・釋詁》：「瞻，視也。」爾，你。庭，庭院。縣，「懸」的本字，繫而懸掛。《說文》：「縣，繫也。」徐鉉《校》：「臣鉉等曰『此本是縣掛之縣，借為州縣之縣。』」《玉篇・心部》：「縣，掛也。」《左傳・僖公二十六年》：「室如縣罄。」李富孫《左傳異文釋》：「《後漢・陳龜傳》作懸罄。」狟，同貛，一種哺乳動物，善掘土，穴居山野，晝伏夜出。《毛傳》：「狟，獸名。」《鄭箋》：「貉子曰狟。」《爾雅・釋獸》：「貉子，狟。」邢昺《爾雅疏》引《字林》云：「貉似狐，善睡。其子名狟。」《說文》：「狟，貉之類。」貉即貛。幼貛為狟。狟、特、鶉這些獸、禽，蓋是負責造車的「君子」所得到的實物俸祿。

〔8〕彼君子兮：那個君子呀。彼，那個。君子，貴族男子。

〔9〕不素餐兮：不吃粗疏的飯食呀！不素餐，即不餐素、不餐粗，不吃粗疏的飯食。餐，動詞，吃。《說文》：「餐，吞也。」「吞，咽也。」素，本義為白色未染的絲帛。引申為白色及素樸之義。《說文》：「素，白緻繒也。」「緻，密也。」「繒，帛也。」《周禮・春官・司服》「素服」孫詒讓《正義》：「引申之，凡布帛之白者，通謂之素。」素通疏。素，心母魚部；疏，山母魚部。心、山準雙聲。《墨子・辭通》：「素食而分處。」孫詒讓《墨子閒詁》：「素，疏之假字。」疏又通蔬。《說文》：「蔬，菜也。」《荀子・富國》：「葷菜百疏。」百疏，即百蔬。《荀子・正名》：「蔬食菜羹而可以養口。」《禮記・月令》：「『取蔬食。』」《管子・禁藏》：「果蓏素食當十石。」王念孫《讀書雜志・管子第九・禁藏》「素食」條下：「引之曰：『素，讀為疏。字或作蔬。』《月令》：『取蔬食。』鄭注曰：『草木之實為蔬食。』《淮南・主術篇》曰：『夏取果蓏，秋畜蔬食。』即此所謂『果蓏素食』也。」此歌詞中「素」字指蔬食，包括蔬菜。「蔬食」在典籍中多見。《論語・述而》：「子曰：『飯蔬食，飲水，曲肱而枕之，樂亦在其中矣。不義而富且貴，於我如浮雲。』」《鄉黨》：「雖蔬食菜羹、瓜，祭，必齊如也。」《孟子・萬章下》：「雖蔬食菜羹，未嘗不飽。」《禮記・喪大記》：「士蔬食水飲。」此歌詞中所說的「君子」，是晉國的一位負責造車的官員。他不事耕種和狩獵，僅憑其造車的官職，就能獲得相當於擁有「三百廛」下大夫級別的經濟收入。官府按下大夫級別供給他米糧和肉類，故說他「不素餐」。《國語・晉語》說：「公食貢，大夫食邑，士食田，庶人食力，工商食官，皁隸食職，官宰食加。」工商食官，即百工和官府商賈皆由官廩供給糧食。加，指加賞給大夫的田地。《孟子・盡心上》：「公孫丑曰：『《詩》曰：「不素餐兮。」

君子之不耕而食，何也？」」公孫丑也認為，《伐檀》詩說的是「君子不耕而食」之事。到了漢代，學者們對「素餐」的理解有了明顯的偏差。《毛傳》：「素，空也。」《韓說》：「素者，質也。人但有質樸而無治民之材，名曰素餐。」《魯說》：「素者，空也。空虛無德。飧人之祿，故曰素飧。」《孟子・盡心上》「詩曰：『不素餐兮』」趙岐《注》：「無功而食謂之素餐。」《論衡・量知》：「素者，空也。空虛無德，餐人之祿，故曰素餐。」班固《漢書・朱雲傳》：「今朝廷大臣，上不能匡主，下亡以益民，皆尸位素餐。」《楚辭・九辯》：「食不偷而為飽兮，衣不苟而為溫。竊慕詩人之遺風兮，願託志乎素餐。」王逸《注》：「不空食祿而曠官也。《詩》云：『彼君子兮，不素餐兮。』謂居位食祿，無有功德，名曰『素餐』也。」若按漢代學者的邏輯，《九辯》的作者宋玉在前頭已經說「食不偷而為飽兮，衣不苟而為溫」，似乎接下來他要說「願託志乎不素餐」才是其正確的表述。將「素餐」解釋為空吃白食，人多信之，實乃三人成虎之事。

〔10〕伐輻：製造車輪上的輻條。伐，此為使用工具製作之義。輻，車輻條，聯結車輪邊框和車轂的細直木。《毛傳》：「輻，檀輻也。」車輪上的輻條也是檀木的。

〔11〕側：河畔。《毛傳》：「側，猶厓也。」

〔12〕直：直波，水面徑直的波紋。《毛傳》：「直，直波也。」《爾雅・釋水》：「直波為徑。」《釋名・釋水》：「水直波曰涇。涇，徑也。」

〔13〕三百億：三百個滿倉。同「三百廛」。指相當於下大夫的經濟收入。億，一個滿倉裏的糧食粒數。倉中的糧食顆粒多得無數，故以「億」稱一個滿倉。《毛傳》：「萬萬曰億。」《禮記・內則》：「降德于眾兆民。」孔穎達《疏》：「依如《算法》，億之數有大小二法。其小數以十為等，十萬為億，十億為兆也。其大數以萬為等，萬至萬，是萬萬為億也，又從億數至萬億曰兆，億億曰秭。」《大雅・豐年》：「豐年多黍多稌，亦有高廩，萬億及秭。」《小雅・楚茨》：「我倉既盈，我庾維億。」一說，「三百億」是禾秉之數。《鄭箋》：「十萬曰億。三百億，禾秉之數。」以「億」言倉庾，應是言庾內糧食的粒數，非言禾秉數，亦非言庾數。「億」字義以毛說為是，鄭說非。

〔14〕特：四歲獸，大獸。《廣雅・釋獸》：「獸一歲為豵，二歲為豝，三歲為肩，四歲為特。」段玉裁《毛詩故訓傳定本》傳文注：「《邠風》傳云『三歲曰豜』矣，則此『三』當作『四』。」《毛傳》：「獸三歲曰特。」三，為「四」之誤。漢初「四」字書寫作「䦙」「三」，假若「三」的中間筆劃模糊，就可能被誤為「三」字。此歌詞中「特」代指獸類獵物。

〔15〕素食：義同「素餐」。

〔16〕伐輪：使用工具製作車輪。《毛傳》：「檀可以為輪。」「伐檀」「伐輻」「伐輪」
　　　皆是造車的工序，此三道工序代指造車的全過程。

〔17〕湄：水邊。《毛傳》：「湄，厓也。」《王風・葛藟》：「在河之湄。」

〔18〕淪：水面一層層的水紋。《爾雅・釋水》：「小波為淪。」《釋名・釋水》：「水小
　　　波曰淪。淪，倫也，小文相次有倫理也。」一說，「淪」通輪。《毛傳》：「小風
　　　水成文轉如輪也。」風吹水面，難成輪狀水紋。

〔19〕三百囷：三百個穀倉。囷，圓形的穀倉。《毛傳》：「圓者為囷。」《說文》：「囷，
　　　廩之圓者。」《廣雅・釋宮》：「囷，倉也。」《玉篇・口部》：「囷，倉也。廩之
　　　圓者。」《呂氏春秋・仲秋紀》：「修囷倉。」高誘《注》：「圓曰囷，方曰倉。」
　　　一夫之田的莊稼，收穫後打下的糧食積為一倉。三百夫之田，打下的糧食積為
　　　三百倉。此歌詞中「三百廛」「三百億」「三百囷」是同義語。

〔20〕鶉：鵪鶉。《毛傳》：「鶉，鳥也。」此歌詞以「貆」「特」代指獸類獵物，以「鶉」
　　　代指禽類獵物。

〔21〕素飧：粗熟食、粗飯。飧，從夕從食，本義為晚飯。《毛傳》：「熟食曰飧。」
　　　《說文》：「飧，餔也。从夕、食。」「餔，申時食也。」戴侗《六書故・工事
　　　四》：「飧，夕食也。古者夕則餕朝膳之餘，故熟食曰飧。」此歌詞中「餐」「食」
　　　「飧」同義，皆謂飯食。

【詩旨說解】

　　《伐檀》是晉國人讚美造車官的饗燕禮樂歌歌詞。歌詞中用「清且漣」
「清且直」「清且淪」這樣的話來描繪黃河上春天的美景，以此起興，引出對
造車官的讚美之辭。

　　樂歌中所稱讚的「君子」，是晉國負責造車的官員。晉國的造車場可能
就在晉南黃河附近。這位造車官沒有自己的采邑，「不稼不穡」「不狩不獵」，
僅憑著造車官的職位，便獲得了相當於擁有「三百廛」的下大夫的經濟收入，
以及「貆」「特」「鶉」等等的實物俸祿，享受了與其他有封地的下大夫一樣
的待遇。他（或他們）也許有高超的造車技術，也許在造車業管理上是內行。

　　春秋時期，晉國是一個大國，也是一個軍事強國。晉國自晉武公開始圖
強，晉獻公時又大肆拓土，二公為晉國日後的強大奠定了一定的基礎。晉獻
公時，晉國僅有二軍。《左傳・閔公元年》：「晉侯作二軍，公將上軍，太子
申生將下軍。」晉文公「作三軍」，晉國一舉成了華夏地區的霸主。晉文公

二十年（公元前 632 年）晉楚城濮之戰時，晉三軍參加戰役的戰車僅七百乘，晉景公十一年（公元前 589 年）晉齊鞌之戰時，晉國參加戰役的戰車有八百多乘。晉景公十二年（公元前 588 年），晉國又「作六軍」。推測這時晉國擁有的戰車總數大約有一千四百輛左右，成了一個軍事上的強國。晉昭公三年（公元前 529 年），晉國已擁有至少四千乘戰車。軍車和戰馬是重要的戰略儲備。晉國作為一個企圖稱霸的大國，沒有足夠數量的戰車是不行的。晉國的君主十分重視造車業，每當歲末，一定會舉辦國宴，大力嘉獎為本國造車立功的官員。為此，晉國的卿大夫（或大樂師）創作了《伐檀》這篇樂歌歌詞。

《孔叢子·記義》載孔子評論《伐檀》說：「（吾）於《伐檀》，見賢者之先事後食也。」雖不能斷定這一定是孔子之言，但其說尚可取。

朱熹《詩序辨說》評論《魏風·伐檀》說：「此詩專美君子之『不素飧』。序言『刺貪』，失其旨矣。」其說甚是。

碩鼠

碩鼠碩鼠〔1〕，無食我黍〔2〕！
三歲貫女〔3〕，莫我肯顧〔4〕。
逝將去女〔5〕，適彼樂土〔6〕。
樂土樂土〔7〕，爰得我所〔8〕。

碩鼠碩鼠，無食我麥〔9〕！
三歲貫女，莫我肯德〔10〕。
逝將去女，適彼樂國〔11〕。
樂國樂國，爰得我直〔12〕。

碩鼠碩鼠，無食我苗〔13〕！
三歲貫女，莫我肯勞〔14〕。
逝將去女，適彼樂郊〔15〕。
樂郊樂郊，誰之永號〔16〕？

【注釋】

〔1〕碩鼠碩鼠：螻蛄呦螻蛄呦。碩鼠，又名「炙鼠」「鼫鼠」，螻蛄的別稱。螻蛄是農作物的主要害蟲之一，四足二螯，善掘土鑽穴，齧食莊稼苗的根部。碩，通

鼫。碩、鼫皆禪母鐸部字。《荀子・勸學》:「梧鼠五技而窮。」梧,《大戴禮記》引《勸學》作「鼫」。《齊說》:「碩鼠四足,飛不上屋。」《說文》:「鼫,五技鼠也。能飛不能過屋,能緣不能窮木,能游不能渡谷,能穴不能掩身,能走不能先人。」《爾雅・釋獸》「鼫鼠」下邢昺《疏》:「云『鼫鼠』者,孫炎曰:『五技鼠。』許慎云:『鼫鼠五技:能飛不能上屋,能游不能渡谷,能緣不能窮木,能走不能先人,能穴不能覆身。』此之謂五技。蔡邕以此為螻蛄。」陸璣《毛詩草木疏》云:「碩鼠,樊光謂即《爾雅》『鼫鼠』也。許慎云:『鼫鼠,五伎鼠也。』……《本草》又謂螻蛄為石鼠,亦五伎。」晉崔豹《古今注・魚蟲》:「螻蛄,一名天螻,一名鼫,一名碩鼠。有五能而不成伎術:一、飛不能過屋。二、緣不能窮木。三、泅不能渡谷。四、掘不能覆身。五、走不能絕人。」《易・晉卦》:「晉(進)如鼫鼠,貞厲。」孔穎達《疏》:「『晉如鼫鼠』者,鼫鼠有五能而不成伎之蟲也。……蔡邕《勸學篇》云:『鼫鼠五能,不成一伎術。』《注》曰:『能飛不能過屋,能緣不能窮木,能游不能度谷,能穴不能掩身,能走不能先人。』《本草經》云:『螻蛄一名鼫鼠。』謂此也。」《廣雅・釋詁》:「炙鼠,螻蛄也。」碩亦通炙。炙,照母鐸部。禪、照旁紐。朱駿聲《說文通訓定聲・豫部》:「《古今注》:『螻蛄,一名鼫鼠。』今目驗螻蛄實此五技,故即以鼫鼠之名名之。」碩鼠、鼫鼠、炙鼠、五技之鼠,皆是螻蛄的異名。

〔2〕無食我黍:不要齧食我們的黍苗。無,勿、毋。《魯詩》作「勿」。食,即齧食。黍,穀類農作物,其子粒做成熟食有黏性。此句歌詞的「黍」指黍的幼苗。螻蛄專食莊稼苗的根部,致苗死亡。

〔3〕三歲貫女:即「貫女三歲」,養了你三年。貫,「豢」的通假字。貫,見母元部;豢,匣母元部。見、匣旁紐。豢,本義為在圈內養豬。引申為飼養之義。養犬亦曰「豢」。《說文》:「豢,以谷,圈養豕也。」《段注》:「圈者,養獸之閑。圈養者,圈而養之。圈、豢同韻部。《樂記注》曰:『以穀食犬豕曰豢。』《月令注》曰:『養牛羊曰芻,犬豕曰豢。』」《莊子・達生》:「祝宗人玄端以臨牢筴說彘曰:『汝奚惡死?吾將三月　汝,十日戒,三日齊(齋),藉白茅,加汝肩尻乎雕俎之上,則汝為之乎?』」「三月　汝」與「三歲貫汝」句式相同。《莊子釋文》引司馬云:「豢,養也。」豢,「豢」字的俗體。《墨子・耕柱》:「羊牛犓豢。」孫詒讓《墨子閒詁》引畢沅云:「此『豢』字俗寫。《太平御覽》引作『芻豢』。」《毛傳》:「貫,事也。」事,治事,處理公務、事務。引申為侍奉、伺候。毛解差可。《魯詩》作「宦」。洪适《隸釋・石經魯詩殘碑》:「『三

歲宦」，毛作貫。」宦通豢。宦，匣母元部。女，你、你們。這是擬人的說法。此句歌詞暗指螻蛄為害成災已經有三年了。

〔４〕莫我肯顧：即「莫肯顧我」，你們這些「妖孽」也沒有誰肯顧念我們人類。莫，沒有誰。這是擬人的說法。我，我們。此句歌詞的賓語「我」前置。「莫我……」句型在《詩經》中多見，是周代常語。肯，可，願意。顧，看，關注。引申為關懷、照顧之義。這句歌詞是巫師代表一方居民對螻蛄的斥責之語。下文「莫我肯德」「莫我肯勞」同樣是斥責語。

〔５〕逝將去女：我發誓要把你們這些「妖孽」趕走。逝，通誓，發誓。逝、誓皆禪母月部字。誓，從言從折，折聲，誓言。軍中習慣以折矢為誓。《說文》：「誓，約束也。」《段注》：「《周禮》五戒，一曰誓，用之於軍旅。按凡自表不食言之辭皆曰誓。亦約束之意也。」《禮記·曲禮》：「約信曰誓。」去，本義為離開。《說文》：「去，人相違也。」《玉篇·去部》：「去，違也，行也。」《廣韻·御韻》：「去，離也。」此句歌詞的「去」字為使動用法，即「使……離開」，遣送走、驅逐之義。去又通驅、祛。去、祛，溪母魚部；驅，溪母侯部。魚、侯旁轉。朱駿聲《說文通訓定聲·豫部》：「《漢書·五行志》：『夏帝卜殺之，去之，止之。』《注》謂『驅逐也』，或曰皆借為『祛』。」女，你們。指螻蛄。

〔６〕適彼樂土：把你們這些「妖孽」送到另一方樂土。適，往、到。此為使動用法。《爾雅·釋詁》：「適、之，往也。」《說文》：「適，之也。」彼，那邊。指極遠處。樂土，一方安樂的土地。指好地方。《鄭箋》：「樂土，有德之國。」這是巫師對螻蛄說的「客氣」話。

〔７〕樂土樂土：此句歌詞的原文應是「適彼樂土」。《韓詩》此句作「適彼樂土」，下句「樂國樂國」作「適彼樂國」。古人書寫簡策有省略的習慣，將省略符號「＝」置於原文之後來表示重文。此歌詞原文「適彼樂土」之後當有省略符號「＝」，它所表示的是「適彼樂土」的重文。傳抄詩文者誤以為「＝」是「樂土」二字的重文符號，轉寫為「樂土樂土」。今以《韓詩》為是。

〔８〕爰得我所：那裡才是你們這些「妖孽」的好去處。爰，通曰，語助詞。參見《邶風·凱風》注〔８〕。《鄭箋》：「爰，曰也。」得，得到。我所，我為你們安排的去處。所，本義為伐木聲。所通處。處，處所、去處。指專門為螻蛄安排的去處。參見《鄭風·大叔于田》注〔８〕。

〔９〕無食我麥：不要齧食我們的麥苗。麥，小麥。這裡指麥苗。

〔10〕莫我肯德：你們這些「妖孽」也沒有誰肯施給我們人類恩惠。德，本義為登高。德通悳。德、悳皆端母職部字。悳，道德，恩惠、好處之義。參見《邶風·谷風》注〔33〕。這句歌詞指責螻蛄沒有施給農人任何好處，幹盡了壞事。《鄭箋》：「不肯施德於我。」

〔11〕適彼樂國：把你們這些「妖孽」送到另一個安樂的國度裏去。樂國，同「樂土」，安樂的地方。國，本義為諸侯的城郭。諸侯的封地亦稱「國」。《說文》：「國，邦也。」邦，同封，指有封疆的土地，即國土。《周禮·天官·太宰之職》：「太宰之職，掌建邦之六典，以佐王治邦國。」鄭玄《注》：「大曰邦，小曰國。邦之所居亦曰國。」

〔12〕爰得我直：那裡才是我安置你們這些「妖孽」的地方。直，通值、實，安置之處。直、值，定母職部；實，照母錫部。定、照准旁紐，職、錫旁轉。實，措置，放置。《說文》：「值，措也。」「措，置也。」《說文新附》：「實，置也。」《類篇·匸部》：「直，措也。」值、直皆借為實。措，典籍又作「厝」，安置、放置。《列子·湯問》：「命誇娥氏二子負二山，一厝朔東，一厝雍南。」《廣韻·暮韻》：「厝，置也。」「直」與「所」對文，同義。

〔13〕無食我苗：不要齧食我們人類的莊稼苗。苗，泛指莊稼苗。參見《王風·黍離》注〔2〕。一說，「苗」指穀子的幼棵。《毛傳》：「苗，嘉穀也。」《說文》：「禾，嘉穀也。二月始生，八月而熟。」《公羊傳·莊公七年》「無麥苗」何休《解詁》：「苗者，禾也。生曰苗，秀曰禾。」

〔14〕莫我肯勞：你們這些「妖孽」也沒有誰肯為我們人類付出任何勞動。勞，勞作。

〔15〕樂郊：安樂的遠郊。郊，城外的遠郊。此指極遠的地方。

〔16〕誰之永號：誰在為送走你們這些「妖孽」而跳唱呼號？誰之，即誰其。誰，疑問詞，何人。之，通其，語助詞。參見《邶風·旄丘》注〔2〕。「誰其」是上古典籍中的習語。《召南·采蘋》：「誰其尸之？」《左傳·襄公三十年》：「子產而死，誰其嗣之？」《左傳·昭公五年》：「誰其重此？」《莊子·天地》：「誰其比憂？」永號，即詠號，唱歌又呼叫。永通詠，唱歌。永、詠皆匣母陽部字。《鄭箋》：「永，歌也。」《釋文》：「詠，本亦作永，同音。詠，歌也。」《說文》：「詠，歌也。从言，永聲。」號，大聲地叫。《鄭箋》：「號，呼也。」《大雅·蕩》：「式號式呼。」《小雅·賓之初筵》：「載號載呶。」「永號」是巫覡做法的一種表演形式，邊跳邊唱咒詞。古人認為，害蟲成災是妖孽作祟，

便請巫師做法送瘟神。「誰之永號」是巫師做法時為顯示其「法術」及身份地
位而誇耀自己的話語。它表現了巫師的自信與自得。

【詩旨說解】

《碩鼠》是巫歌歌詞。此歌詞反映了晉國的一次驅逐螻蛄的巫事活動。
歌詞中說道，在晉國，螻蛄為害已經三年了，到了非驅除不可的地步。巫師
又唱又跳地一陣做法，要把「碩鼠」遣送到「樂土」「樂國」「樂郊」這樣的遠
離晉國的地方去。巫師的口氣很大，顯示出這是以諸侯國的名義舉行的一場
巫事活動。也許，古人發現螻蛄是無法滅絕的，於是就對它採取了寬容的態
度，不是趕盡殺絕，而是用「法術」將其禮送出境。

古人把螻蛄當成妖孽，讓巫師做法驅逐它。這顯然是迷信的做法，不可
能達到驅除害蟲的目的。

唐　風

　　唐，國名。據傳說，帝堯居於陶、唐，號「陶唐氏」。商時有「唐」這個地名。周初成王時，唐人作亂，周公率大軍平定了叛亂。之後，周成王將唐地封給了他的同母弟叔虞。其封地在今山西省的襄汾、曲沃、翼城一帶。叔虞之子燮父改唐國為晉。唐國在西周初存續的時間很短。「唐」是晉國的榮譽稱號。傳說晉文公曾稱晉國為「唐國」。《呂氏春秋・不苟論・當賞》載晉文公曰：「若賞唐國之勞徒，則陶狐將為首矣。」高誘《注》：「唐國，晉國也。」

　　春秋早期，晉國經歷了晉昭侯時的「曲沃代翼」和晉獻公晚年的「麗姬之亂」兩大事變。晉惠公六年（公元前 645 年），晉惠公與秦國交戰被俘虜，晉國的大夫郤乞、瑕呂飴甥借機在晉國進行「作爰田」「作州兵」的改革，擴大私田和徵兵範圍。到晉文公時，晉國成了華夏地區的霸主。晉文公五年（公元前 632 年）夏，晉國聯合秦國，與楚國進行了城濮之戰，大敗楚師；冬，晉文公率領魯、齊、宋、蔡、鄭、陳、莒、邾、秦諸國在溫地開大會，召周襄王前往主持會盟，且讓他到溫地「狩獵」。晉襄公元年（公元前 627 年），晉師大敗秦師於殽，史稱「殽之戰」。晉景公八年（公元前 592 年），晉師大敗齊師於鞌，史稱「鞌之戰」。晉厲公六年（公元前 575 年），晉國與楚國進行了鄢陵之戰，楚共王被射傷，楚師大敗。自晉楚「城濮之戰」至「鄢陵之戰」，近六十年間，秦、楚、齊三個大國的發展勢頭為晉國所遏制。晉悼公死後，晉國由盛轉衰。平公、昭公、頃公、定公時期，晉國公室已徒有虛名。晉烈公十七年（公元前 403 年），周威烈王封韓虔、趙籍、魏斯三家晉卿為侯爵，此時的晉國已經成了一個徒有其名的諸侯國。晉靜公二年（公元前 376 年），韓、趙、魏三家分蝕晉土，廢掉了晉靜公，晉國遂亡。

唐地是晉國的中心區域,「唐風」是晉國歌曲的主調。其次是魏調歌曲。

《唐風》共十二篇詩文,其內容主要涉及勞役、婚戀、嫁娶、喪祭等方面。

蟋蟀

蟋蟀在堂〔1〕,歲聿其莫〔2〕。
今我不樂〔3〕,日月其除〔4〕。
無已大康〔5〕,職思其居〔6〕。
好樂無荒〔7〕,良士瞿瞿〔8〕。

蟋蟀在堂,歲聿其逝〔9〕。
今我不樂,日月其邁〔10〕。
無已大康,職思其外〔11〕。
好樂無荒,良士蹶蹶〔12〕。

蟋蟀在堂,役車其休〔13〕。
今我不樂,日月其慆〔14〕。
無已大康,職思其憂〔15〕。
好樂無荒,良士休休〔16〕。

【注釋】

〔1〕蟋蟀在堂:蟋蟀躲進了房舍內。蟋蟀,昆蟲名,又名「蛬」「促織」「蛐蛐兒」。《毛傳》:「蟋蟀,蛬也。」《孔疏》:「蛬,……趨織也,一名蜻蛚。」趨織,即促織,蟋蟀的別名。《爾雅·釋蟲》:「蟋蟀,蛬。」郭璞《注》:「今促織也。亦名青蛚。」陸璣《毛詩草木疏》:「蟋蟀似蝗而小,正黑有光澤如漆,有角翅。一名蛬,一名蜻蛚。楚人謂之王孫。幽州人謂之趣織,督促之言也。俚語曰『趣織鳴,懶婦驚』是也。」在堂,在堂室之內。蟋蟀入堂室的時間為夏曆十月,即周曆的十二月。《豳風·七月》:「七月在野,八月在宇,九月在戶,十月蟋蟀入我床下。」堂,本義為蓋房屋的臺基。引申指建築於臺基上的房子。《說文》:「堂,殿也。」殿,堂基。《廣雅·釋宮》:「堂堭,壂也。」《玉篇·土部》:「堂,土為屋基也。」寢室前面的正廳也稱「堂」。《論語·先進》:「子曰:『由也升堂矣,未入於室也。』」此歌詞的「堂」指居室。歲晚時節,蟋蟀從野外躲進室內過冬。一說,蟋蟀入室內的時間是夏曆的九月。

《齊說》：「蟋蟀在堂，流火西也。」「流火西」是夏曆七月至九月的天象，此段時間裏大火之星自南中天向西行。《毛傳》：「九月在堂。」《鄭箋》：「蟋在堂，歲時之候，是時農功畢。」

〔２〕歲聿其莫：一年快要到頭了。歲，甲骨文字從步從戉，戉亦聲，戍守之義。步，表示行役；戉，表示王命。王命戍守，一年一輪換。歲通戍。歲，心母月部；戍，審母侯部。心、審準雙聲，月、侯旁通轉。戍，守衛。《說文》：「戍，守邊也。從人持戈。」戍守一年一輪換，這大概是夏商以來的習慣做法。春秋時期仍存其制。《小雅·采薇》：「昔我往矣，楊柳依依。今我來思，雨雪霏霏。」這是準一年的戍期。《左傳·莊公八年》：「齊侯使連稱、管至父戍葵丘。瓜時而往，曰：『及瓜而代。』」《史記·齊太公世家》：「初，襄公使連稱、管至父戍葵丘，瓜時而往，及瓜而代。往戍一歲……」這是一年的戍期。因此，「歲」又為歷時之稱。《爾雅·釋天》：「夏曰歲。商曰祀。周曰年。」夏代農作物一年一熟。夏人稱一個收穫年為「一歲」。周人以穀熟一次為一年，但也未丟掉夏人的說法，亦稱一年為「一歲」。《小雅·小明》：「昔我往矣，日月方除。曷云其還，歲聿云莫。」《衞風·氓》：「三歲食貧。」《王風·采葛》：「一日不見，如三歲兮！」《魏風·碩鼠》：「三歲貫女。」聿，通曰，語助詞。聿，喻母物部；曰，匣母月部。喻、匣通轉，物、月旁轉。參見《周南·桃夭》注〔３〕。《豳風·七月》「曰為改歲」《漢書·食貨志》引作「聿為改歲」。其，語助詞。莫，「暮」的古字。「歲莫」即歲末、歲晚。《韓說》：「莫，晚也。」

〔３〕今我不樂：現在我們若不趕緊縱情娛樂。今，今天，現在。我，我們。指參加燕樂的人們。樂，動詞，娛樂。此指歲末飲至燕會中的娛樂活動。

〔４〕日月其除：光陰一去就不再回來了。日月，太陽和月亮。此指一年的光陰。太陽和月亮的運行代表著時間的推移，太陽一升一落為一日，月亮一圓一缺為一月，光陰轉換。除，本義為臺階。《說文》：「除，殿陛也。從自，余聲。」除通去。除，定母魚部；去，溪母魚部。定、溪通轉。《毛傳》：「除，去。」《廣雅·釋詁》：「除，去也。」《玉篇·阜部》：「除，去也。」去，從大（人邁大步行走）從凵（半陰半陽的穴式居室），本義為人離開住室到外面去。《說文》：「去，人相違也。」《玉篇·去部》：「去，違也。」《廣韻·御韻》：「去，離也。」除又通度。度，定母鐸部。魚、鐸對轉。王念孫《廣雅疏證·釋詁》「祛，去也」條下：「《九歎》：『年忽忽而日度。』《注》云：『度，去也。』度與渡通。」

此句歌詞的「除」與下文的「邁」字意思一樣，皆為度過之義。度過的時光一去不復返。

〔5〕無已大康：不要歡樂過渡了。無已，同毋以。毋，不要。以，用。指國君安排的專用娛樂時間。大康，即太康。指不一般的、過分的享樂。大，過分。《釋文》：「大康，（大）音泰。」康，安樂、享樂。《毛傳》：「康，樂。」朱熹《集傳》：「大康，過於樂也。」

〔6〕職思其居：要常把國內的事情裝在心裏。職思，即志思、記思。職，金文作「識」「職」，從首或從耳，戠聲，本義為耳聽且記事。《說文》：「職，記微也。從耳，戠聲。」《段注》：「纖微必識是曰職。《周禮》『太宰之職』『大司徒之職』，皆謂其所司。凡言司者，謂其善伺也。凡言職者，謂其善聽也。」職、識、志音近義通。林義光《詩經通解》：「職，讀為『小子識之』之識。識，記也。職與識古字通。」思，考慮。《說文》「思」字《段注》：「謂之思者，以其能深通也。」其居，士大夫本來的居住地。此指國內。一說，「其居」指都城中的政事。《鄭箋》：「又當主思於所居之事。謂國中政令。」鄭玄說「思其居」是思考都城中的政事。其說義狹。

〔7〕好樂無荒：喜好娛樂但不要過渡歡樂。好，喜好。樂，安樂、燕樂、娛樂。無，毋，不要。《阜詩》作「毋」。荒，本義為地上草多，荒蕪，廣而無邊。引申為荒亂、荒廢、失去管理或控制之義。《說文》：「荒，蕪也。從艸，㠩聲。一曰草淹（掩）地也。」《玉篇·艸部》：「荒，荒蕪也。」《廣韻·唐韻》同上。《大雅·召旻》：「我居圉卒荒。」《禮記·曲禮上》：「地廣大，荒而不治。此亦士之辱也。」此歌詞的「荒」字有過渡、沉湎、荒亂之義。《鄭箋》：「荒，廢亂也。」《大雅·抑》：「荒湛于酒。」

〔8〕良士瞿瞿：國家的優秀人才要瞪大眼睛環顧周邊敵人的動向。良士，指國家士大夫級的優秀人才。《鄭箋》：「良，善。」良士即善士。瞿瞿，形容人瞪大眼睛觀看，環顧或驚視。《毛傳》：「瞿瞿然顧禮義也。」「瞿瞿然顧」與「禮義」動、賓詞組搭配不當。毛說有誤，或傳本有訛誤。瞿，本義為鷹隼瞅視。《說文》：「瞿，隼之視也。」作為國家的優秀人才，要目光警覺，時刻關注周圍環境和時局的變化。

〔9〕歲聿其逝：一年的時光快要到達盡頭了。逝，過、往。

〔10〕日月其邁：同「日月其除」，光陰已去不復回。邁，本義為遠行。《說文》：「邁，遠行也。」此處指日月遠行，亦即時光一去不復返。《毛傳》：「邁，行也。」

〔11〕職思其外：要常將國外的事情掛在心間。外，外部。此指國外。大夫擔負著率
　　　領士卒作戰的職責，要時刻觀察國外的新動向。一說，「外」指都城之外到疆
　　　域之內的地區。《鄭箋》：「外，謂國外至四境。」鄭說義狹。

〔12〕良士蹶蹶：國家的優秀人才要雷厲風行勤勉於事。蹶蹶，用力快步前行的樣子。
　　　蹶，發力快走。《說文》：「蹶，一曰跳也。」《國語‧越語‧越興師伐吳而弗與
　　　戰》：「蹶而趨之。」趨，快走。韋昭《注》：「蹶，走也。」《廣韻‧月韻》：「蹶，
　　　走也，速也。」《廣韻‧祭韻》：「蹶，行急遽也。」疊用「蹶」字，表示用力
　　　快速行進之義。《魯說》：「蹶蹶，敏也。」《毛傳》：「蹶蹶，動而敏於事。」《爾
　　　雅‧釋訓》：「蹶蹶，敏也。」

〔13〕役車其休：行役的車輛都返回來停放不用，服役的人也一同返回來休息。役車，
　　　守邊供役事之車。《鄭箋》：「庶人乘役車。」《釋名‧釋車》：「役車，給役之車
　　　也。」《毛詩‧小雅‧采薇序》：「遣戍役，以守衞中國。」《周禮‧春官‧巾車》：
　　　「大夫乘墨車，士乘棧車，庶人乘役車。」鄭玄《注》：「棧車，不革鞔而漆之。
　　　役車，方箱，可載任器以共役。」賈公彥《疏》：「云『役車，方箱，可載任器
　　　以共役』者，庶人以力役為事，故名車為役車。……此役車亦名棧車，以其同
　　　無革鞔故也。是以《何草不黃》詩云：『有棧之車，行彼周道。』《注》云：『棧
　　　車，役車是也。』」役，戍邊。引申為勞作之事。《說文》：「役，戍也。」《段
　　　注》：「戍，守邊也。……殳，所以守也，故其字從殳。引申之義，凡事勞皆曰
　　　役。」棧車亦屬于役車的一種。此歌詞的「役車」，當包括戰車和軍事後勤用
　　　車。休，本義為人休息。《爾雅‧釋詁》：「休，息也。」《說文》：「休，息止也。
　　　從人依木。」張參《五經文字‧木部》：「休，象人息木陰。」《周南‧漢廣》：
　　　「南有喬木，不可休息。」《小雅‧十月之交》：「民莫不逸，我獨不敢休。」
　　　《大雅‧民勞》：「民亦勞止，汔可小休。」此歌詞中的「休」字指役車停而不
　　　用，人亦休息。《鄭箋》：「役車休，農功畢，無事也。」

〔14〕日月其慆：同「日月其邁」。慆，本義為快樂。《說文》：「慆，悅也。」慆通逾。
　　　慆，透母幽部；逾，喻母侯部。透、喻母準旁紐；幽、侯旁轉。逾，越過。參
　　　見《鄭風‧將仲子》注〔2〕。聞一多《詩經通義‧乙》引林義光曰：「慆者逾
　　　之轉音。《秦誓》『日月逾邁』，即此詩之『慆』『邁』也。《生民篇》『或舂或揄』，
　　　《說文》作『或舂或舀』，則舀、俞古音近。」于省吾《澤螺居〈詩經〉新證》：
　　　「按慆之訓過。慆，逾之假字。『日月其逾』，猶『日月逾邁』。古從舀從俞，
　　　聲同字通。」慆又通陶。陶，定母幽部；透、定旁紐。《韓詩》：「今我不樂，

日月其慆。」此歌詞「慆」與「邁」同義，指日月運行經過了一段長長的歷程。
《毛傳》：「慆，過也。」

〔15〕憂：國家的憂患。《鄭箋》：「憂者，謂鄰國侵伐之憂。」

〔16〕良士休休：國家的優秀人才要常有快樂的心情。休休，美好快樂的心情。休通
好。休、好皆曉母幽部字。《豳風·東山》：「哀我人斯，亦孔之休。」《毛傳》：
「休，美也。」

【詩旨說解】

《蟋蟀》是飲至樂歌歌詞。古有「飲至」之禮。每當歲末（周曆十二月、
夏曆十月），行役之事已畢，服役者紛紛返回鄉邑。國君為犒勞服役歸來的大
夫，在宗廟裏祭告先祖，擺上酒席，搞點歌舞，與他們共同娛樂一場，以盡安
撫和獎勵之意。

此歌詞描寫了飲至時的歡樂氣氛，同時也表達了節制娛樂、居安思危、
朝乾夕惕的思想意識，帶有明顯的政治鼓動色彩。晉國國君在「飲至」時不
忘告誡臣下：不要過分貪圖逸豫；凡事要多為國家考慮；要振奮精神，以積
極的心態對待國事和公務。由此可見，這位主持飲至之禮的晉君，是一位事
業心很強的國家管理者。在春秋時期，晉國一度成了中原霸主，絕非偶然僥
倖之事。

清華大學所藏戰國竹簡《耆夜》篇中，有一首周公所作的《蟋蟀》詩。
據《耆夜》篇所載，周武王於其即位的第八年征伐耆（黎國），征人凱旋，武
王在文王太室舉行飲至之禮，犒勞戡黎功臣畢公等人，君臣飲酒作樂。周公
秉爵未飲，見有一隻蟋蟀從室頂上跳下來，遂借題發揮，「作歌一終曰《蟋蟀》」。
茲將李學勤主編《清華大學藏戰國竹簡》（一）中《蟋蟀》詩釋文照錄如下：

> 蟋（蟋）蟀（蟀）才（在）尚（堂），逡（役）車亓（其）行；
> 今夫君子，不憙（喜）不藥（樂）；夫日□□，□□□忘（荒）；
> 母（毋）已大藥（樂），則夂（終）以康＝（康，康）藥（樂）
> 而母（毋）忘（荒），是佳（惟）良士之迲＝（方）。

> 蟋（蟋）蟀（蟀）才（在）箈（席），戬（歲）矞員（云）莫（莫）；
> 今夫君子，不憙（喜）不藥（樂）；日月其穢（邁），從朝逡（及）夕，
> 母（毋）已大康，則夂（終）以復（祚）。康藥（樂）而母（毋）
> 〔忘〕（荒），是佳（惟）良士之愳＝（懼）。

蝨（蟋）𧎮（蟀）才（在）舒（序），散（歲）喬〔員〕（云）□；
□□□□，□□□□，□□□□□，□□□□。母（毋）已大康，
則夊（終）以思（懼）。康藥（樂）而母（毋）忘（荒），是隹（惟）
良士之思＝（懼）。

　　《蝨𧎮》詩與傳本《毛詩‧蟋蟀》篇名相同，內容相似，二者既有共同
點，也有一些明顯的差異。一，章節次序不同。二，《蟋蟀》詩字句整齊，音
律和諧。《蝨𧎮》詩句子參差，句義重複，文辭不精。三，《蝨𧎮》第一章第一
句「蝨𧎮才尚，𠹍車亓行」的文義與該詩的主旨齟齬。「蝨𧎮才尚，𠹍車亓行」
與《毛詩‧蟋蟀》第三章首句「蟋蟀在堂，役車其休」的意思相反。周武王在
太廟裏舉行飲至之禮時，有蟋蟀在堂，已到了歲末，此時役車已歸，君臣正
在歡聚一堂慶功，周公怎麼會說「役車其行」這樣的話？這是《蝨𧎮》詩最讓
人生疑的地方。

山有樞

山有樞〔1〕，隰有榆〔2〕。
子有衣裳〔3〕，弗曳弗婁〔4〕；
子有車馬，弗馳弗驅〔5〕。
宛其死矣〔6〕，他人是愉〔7〕。

山有栲〔8〕，隰有杻〔9〕。
子有廷內〔10〕，弗洒弗埽〔11〕；
子有鍾鼓〔12〕，弗鼓弗考〔13〕。
宛其死矣，他人是保〔14〕。

山有漆〔15〕，隰有栗〔16〕。
子有酒食〔17〕，何不日鼓瑟〔18〕？
且以喜樂〔19〕，且以永日〔20〕。
宛其死矣，他人入室〔21〕。

【注釋】

〔1〕山有樞：山上長著刺榆樹。山，指山上。樞，刺榆。《毛傳》：「樞，荎也。」
　　樞，又作「藲」「㯉」。《魯詩》作「藲」。《爾雅‧釋木》：「藲，荎。」郭璞《注》：
　　「今之刺榆。」陸璣《毛詩草木疏》：「樞，其針刺如柘，其葉如榆。」

〔2〕隰有榆：山下長著榆樹。隰，山下平地。榆，榆樹。「山有……隰有……」是上古情歌的慣用語言。女子的情歌一般用山上之物比男性一方，用隰下之物自比。參見《邶風・簡兮》注〔14〕。此句歌詞的言外之意是說：「這邊站著我，那邊站著你。」

〔3〕子有衣裳：你有漂亮的衣和裳。子，你。

〔4〕弗曳弗婁：不拿也不穿。弗，不。曳，古「拽」字，拉扯。把長衣拉扯過來往身上穿。《說文》：「曳，臾曳也。」《段注》：「臾曳雙聲，猶牽引也。」婁，通摟。婁、摟皆來母侯部字。摟，本義為用手拉、攏。其義同「曳」。《魯詩》《韓詩》作「摟」。《毛傳》：「婁，亦曳也。」《孔疏》：「曳、婁俱是著衣之事。」《爾雅・釋詁》：「樓，聚也。」《爾雅釋文》：「摟，力侯反，從手。本或作樓，非。」《說文》：「摟，曳（也），聚也。」此歌詞中「曳」「婁」皆謂用手拉扯衣服往身上穿衣。「弗曳弗婁」的意思是有好衣裳捨不得往身上穿。

〔5〕弗馳弗驅：不駕也不趕。弗，不。馳、驅，統謂趕車。馳，動詞，使馬馳騁。驅，打馬使之行走。《孔疏》：「走馬謂之馳，策馬謂之驅。驅、馳俱是乘車之事。」此歌詞中「馳」「驅」蓋指駕車外出兜風、旅遊或打獵。「弗馳弗驅」的意思是有好車馬捨不得使用。

〔6〕宛其死矣：等到有一天死去了。宛其，即宛然，頭歪垂死去的樣子。《毛傳》：「宛，死貌。」宛，通蔫、薾。宛、蔫、薾皆影母元部字。蔫、薾，草枯萎的樣子。《廣雅・釋詁》：「薾、菸、矮，蔫也。」王念孫《疏證》：「皆一聲之轉也。薾者，《說文》：『薾，菸也。』《大戴禮・用兵篇》：『草木（按，本作「百草」，引誤）殕黃。』殕與薾同。菸者，《說文》：『菸，矮也。』……《小雅・谷風》篇云：『無木不萎。』萎與矮亦同。《眾經音義》卷十云：『今關西言菸，山東言薾，江南言矮。』矮者，《玉篇》云：『敗也。』萎，殕也。……《唐風・山有樞》篇『宛其死矣』，《毛傳》云『宛，死貌』，義與　並相近。《說文》：「薾，菸也。」「菸，鬱也。从艸，於聲。一曰　也。」《段注》：「薾、菸、鬱三字雙聲。……《王風》：『中谷有蓷，暵其乾矣。』毛曰：『暵，菸貌。陸草生於谷中，傷於水。』玉裁按，暵即薾字之假借。」宛、薾又通矮。矮，影母微部。元、微旁對轉。《說文》「矮」字《段注》：「艸部曰：『菸，一曰矮也。』薾、矮雙聲。《廣韻》曰：『矮，枯死也。』『萎，薾也。』按，矮、萎古今字；菸、薾古今字。」其，語助詞。

〔7〕他人是愉：卻讓別人取去用了。愉，通偷。愉，喻母侯部；偷，透母侯部。喻、
　　透準旁紐。偷，取。《鄭箋》：「愉，讀曰偷。偷，取也。」愉，《魯詩》《齊詩》
　　作「偷」。偷亦透母侯部字。一個人生前有好的車馬、衣服而不乘不服，等死
　　了以後，便會被他人取而用之。一說，「愉」通悅。《毛傳》：「愉，樂也。」

〔8〕栲：山樗，臭椿樹。《毛傳》：「栲，山樗。」《爾雅・釋木》：「栲，山樗。」《說
　　文》：「樗，樗木也。」《段注》：「今之臭椿是也。」《豳風・七月》：「采荼薪樗。」
　　《毛傳》：「樗，惡木也。」

〔9〕杻：檍樹。《毛傳》：「杻，檍也。」《爾雅・釋木》：「杻，檍。」陸璣《毛詩草
　　木疏》：「杻，檍也。葉似杏而尖，白色，皮正赤，為木多曲少直。」杻樹多曲
　　少直，就材而論，亦是惡木。唱情歌的女子以惡木杻喻己，以惡木栲喻男，取
　　門當戶對之義。這是調侃之語。

〔10〕子有廷內：你有一所好院落。子，你。廷內，庭院和堂內。廷，本義為院落中
　　人挺立的地方。《釋名・釋宮室》：「廷，停也。人所停集之處也。」《說文》：
　　「廷，朝中也。」內，堂室之內。王引之《經義述聞・毛詩上》「子有廷內」
　　條下：「一章之『衣裳』『車馬』，二章之『廷內』『鍾鼓』，皆二字平列，字各
　　為義。廷與庭通。『庭』謂中庭，『內』謂堂與室也。」廷通庭。廷、庭皆定母
　　耕部字。庭，本義宮室內人停立處。《說文》：「庭，宮中也。」《段注》：「宮者，
　　室也，室之中曰庭。」在古文獻中，廷、庭常混用不別。

〔11〕弗洒弗埽：不去灑水鎮壓浮土也不掃除雜物。洒，本義為洗滌。《說文》：「洒，
　　滌也。」《段注》：「沬，洒面也。浴，洒身也。澡，洒手也。洗，洒足也。今
　　人假洗為洒，非古字。……洒、灑本殊義而雙聲，故相假借。」《說文》「洗，
　　洒足也」《段注》：「洒俗本作灑，誤。今依宋本正。《內則》曰：『面垢，燂潘
　　請靧。足垢，燂湯請洗。』此洒面曰靧，洒足曰洗之證也。洗，讀如跣足之跣。
　　自後人以洗代洒滌字。」《毛詩正義》《唐石經》皆作「洒」。洒通灑。洒，山
　　母脂部；灑，山母支部。脂、支通轉。灑，掃地前把水散佈在地上，使地上不
　　起塵土。《說文》：「灑，汛也。」《段注》：「凡埽者先灑。」《說文》：「汛，灑
　　也。」《段注》：「卂，疾飛也。水之散如飛。」玄應《一切經音義》卷六：「以
　　水掩塵曰灑也。」洒，借為灑義。《毛傳》：「洒，灑也。」段玉裁《毛詩故訓
　　傳定本》傳文注：「此謂假借。」《孔疏》：「洒謂以水濕地而埽之，故轉為灑。」
　　《廣韻・卦韻》：「洒，洒埽。」朱駿聲《說文通訓定聲・水部》：「洒，經、傳
　　多以『灑』為之。」埽，又作掃，動詞，揮動笤帚除去塵土、屑物等垃圾之義。

《說文》:「埽,弃也。」弃,同垒,又作「糞」,掃除土屑等垃圾。《說文》:「垒,埽除也。」《段注》:「『弃』字,《曲禮》作糞。」《大雅·抑》:「洒埽庭內。」《禮記·內則》:「灑埽室堂及庭。」《韓詩外傳》卷六引詩:「夙興夜寐,灑埽庭內。」一般情況下,鐘鼓這類樂器陳列於堂內,歌舞在庭院裏。打掃好庭院及堂室內部,可陳列鐘鼓,進行樂舞活動。不灑掃,也就意味著不陳列鐘鼓進行娛樂。

〔12〕鍾鼓:打擊樂器。貴族所用的樂器。鍾,借為鐘。

〔13〕弗鼓弗考:不去打也不去敲。鼓,動詞,擊打。《爾雅·釋樂》:「徒鼓瑟謂之步。」郝懿行《義疏》:「鼓者,擊也。」《儀禮·鄉飲酒禮》:「北面鼓之。」鄭玄《注》:「鼓,猶擊也。」《釋文》:「『弗鼓』如字。本或作擊,非。」段玉裁《毛詩故訓傳定本》校訂「鼓」字作「擊」。考,本義為老。《說文》:「考,老也。从老省,丂聲。」考通敂。考,溪母幽部;敂,見母侯部。見、溪旁紐,幽、侯旁轉。敂,字又作「考」,敲,擊打。《毛傳》:「考,擊也。」《說文》:「敂,擊也。」考,敂也。」馬瑞辰《通釋》:「『考』者,『考』之假借。」叩,「敂」字的俗體。《說文》「敂」字《段注》:「《周禮》:『凡四方之賓客敂關。』《宋書·山居賦》『敂弦』,即《江賦》之『叩舷』也。舟底曲如弓,故其上曰弦。自『叩』行而『敂』廢矣。」《莊子·天地》:「金石有聲,不考不鳴。」

〔14〕他人是保:將為他人所佔有。保,甲骨文字象人負子之形,有保護之義。引申為安守,又引申為保有之義。《毛傳》:「保,安也。」《鄭箋》:「保,居也。」《大雅·崧高》:「南土是保。」《鄭箋》:「保,守也,安也。」《淮南子·主術訓》:「則獨身不能保也。」高誘《注》:「保,猶守也。」就房屋院落而言,「守」與「居」同義;就鐘鼓而言,「守」與「用」同義。

〔15〕漆:漆樹。

〔16〕栗:栗樹。漆、栗皆是有經濟價值的樹木。

〔17〕子有酒食:你有好酒好飯。酒食,指擺席設宴所用的上等飲食。《禮記·曲禮上》:「為酒食以召鄉黨僚友。」《禮記·樂記》:「酒食者,所以合歡也。」

〔18〕何不日鼓瑟:為什麼不天天奏樂?何,通曷,為什麼。參見《召南·何彼襛矣》注〔3〕。何又通胡。何,《隸釋·石經魯詩殘碑》《阜詩》作「胡」。參見《鄘風·相鼠》注〔3〕。日,「日日」之簡縮。鼓瑟,彈奏瑟。「瑟」代指樂器,「鼓瑟」即奏樂。此指彈琴瑟歌舞以娛樂。

〔19〕且以喜樂：姑且用喝酒和歌舞來取樂。且，姑且、權且。喜樂，開心地娛樂。
　　　喜，通僖、嬉。喜、僖、嬉皆曉母之部字。亻旁和女旁義無別。《說文》：「嬉，
　　　樂也。」「僖，樂也。」

〔20〕且以永曰：姑且用喝酒和歌舞來度時光。永日，長日、終日。指一整天的時間。
　　　永，長。

〔21〕他人入室：自家的房舍將為他人所使用。入室，進入室中居住。

【詩旨說解】

　　《山有樞》是婚戀情歌歌詞。「山有……隰有……」是上古華夏地區民間婚戀對歌的典型句式，周代變為情歌的起興語。它是情歌的標誌性語言。

　　《山有樞》是一個女子唱的情歌。此歌詞的主旨是勸貴族男子乘婚戀集會的機會及時行樂。歌詞以有衣服、車馬、酒食要及時享用，有鐘鼓、琴瑟要及時演奏為比，鼓動貴族男子在婚戀集會場合及時行樂。

　　這篇歌詞從側面反映了晉國政治上動盪不安的現實。晉國內部貴族之間爭權奪利、相互傾軋，一些貴族家族人員離散，或降職遷爵，或身死爵滅，或流亡異國他鄉。這些是造成春秋時期晉國人及時行樂思想意識的現實基礎，也是該歌詞產生的時代背景。春秋末期，晉國社會動盪的情況更加嚴重了。《左傳·昭公三年》：「叔向曰：『然。雖吾公室，今亦季世也。戎馬不駕，卿無軍行，公乘無人，卒列無長。庶民罷敝，而宮室滋侈。道殣相望，而女富溢尤。民聞公命，如逃寇讎。欒、郤、胥、原、狐、續、慶、伯，降在皂隸。』……『晉之公族盡矣。肸聞之，公室將卑，其宗族枝葉先落，則公從之。肸之宗十一族，唯羊舌氏在而已。』」

揚之水

揚之水〔1〕，白石鑿鑿〔2〕。
素衣朱襮〔3〕，從子于沃〔4〕。
既見君子〔5〕，云何不樂〔6〕？

揚之水，白石皓皓〔7〕。
素衣朱繡〔8〕，從子于鵠〔9〕。
既見君子，云何其憂〔10〕？

揚之水，白石粼粼〔11〕。
我聞有命〔12〕，不敢以告人〔13〕。

【注釋】

〔1〕揚之水：激蕩的流水。揚，激蕩。揚通蕩、蕩。參見《王風‧君子陽陽》注〔1〕、《陳風‧宛丘》注〔1〕。水，河流。此指山西的古沃水。「揚之水」是「揚之水，不流束楚」省略語。它源於上古男女婚戀水占風俗，是情歌的標誌性語言。

〔2〕白石鑿鑿：沃水裏有許多潔白的小石子。白石，白色的石頭。鑿鑿，即鑿鑿。鑿，一種治木的工具。《說文》：「鑿，所以穿木也。」鑿通鑿。鑿，從母鐸部；鑿，精母鐸部。從、精旁紐。《阜詩》作「鑿」。陳奐《傳疏》：「鑿，讀為鑿。」鑿，本義為舂米。又指舂過的精白稻米。引申為潔白鮮明之義。《說文》：「鑿，糯米一斛舂為九斗曰鑿。」許慎所謂的「鑿」，蓋專指稻米而言。慧琳《一切經音義》卷第七十三引《三蒼》注云：「鑿，精米也。」睡虎地秦簡《秦律十八種‧倉律》：「糯米一石為鑿米九斗。」糯，同糯。「鑿鑿」形容白石塊多而鮮明。段玉裁《毛詩故訓傳定本》傳文注：「鑿同鑿，子洛反，謂鮮白如聚米也。」如聚米，石子聚集，白而小如稻米。說「白石鑿鑿」，與說「白石粲粲」是一樣的意思。鑿，生米；粲，熟米。皆為白色稻米。《焦氏易林‧否之師》：「揚水潛鑿，使石潔白。」尚秉和《注》引《詩》「白石鑿鑿」，並說：「鑿鑿，潔白貌。」山西曲沃有沃水，流經白石山，水清澈，水中有白石。此歌詞以沃水裏的石子之白，襯托沃水之清美。《毛傳》：「鑿鑿然，鮮明貌。」毛亨謂水中白石子鮮明。一說，「鑿」謂水鑿擊石頭，使石清潔。《鄭箋》：「激揚之水，波流湍疾，洗去垢濁，使白石鑿鑿然。」《焦氏易林‧否之師》：「揚水潛鑿，使石潔白。」此說非是。

〔3〕素衣朱襮：我身穿繡有紅色花紋的白色上衣。素衣，白色的上衣。女子到野外參加婚戀活動，常穿素衣。《鄭風‧出其東門》：「出其東門，有女如雲。……縞衣綦巾，……出其闉闍，有女如荼。……縞衣茹蘆……」《曹風‧蜉蝣》：「蜉蝣之羽，衣裳楚楚。……蜉蝣掘閱，麻衣如雪。」「縞衣」和「麻衣」皆為白色衣服。朱襮，繡有紅色花紋的衣領。朱，紅色。襮，繡花紋的衣領。《爾雅‧釋器》：「黼領謂之襮。」《說文》：「襮，黼領也。从衣，暴聲。《詩》曰：素衣朱襮。」一說，襮通表。王引之《經義述聞‧毛詩上》「素衣朱襮」條下：「家大人曰：『《易林‧否之師》曰：「揚水潛鑿，使石潔白。衣素表朱，遊戲皋沃。」』其文皆出《唐風‧揚之水》篇。「衣素表朱」，即「素衣朱襮」。「襮」之為言表

也。』」表，衣服的外層。一說，「襮」為內衣衣領。《毛傳》：「襮，領也。諸侯繡黼丹朱中衣。」《鄭箋》：「繡當為綃。綃黼丹朱中衣，中衣以綃黼為領，丹朱為純也。《孔疏》：「中衣者，朝服、祭服之裏衣也。」一說，「襮」當作「綃」。《魯詩》作「綃」。《儀禮・士昏禮》「宵衣」鄭玄《注》：「宵，讀為《詩》『素衣朱綃』之綃。《魯詩》以綃為綺屬也。」此歌詞中「朱襮」「朱繡」對文，均指女子素衣交領上的紅色繡花紋飾。

〔４〕從子于沃：跟隨你來到沃泉旁邊。從，跟隨。子，你。沃，本為泉水名。《爾雅・釋水》「沃泉縣（懸）出。縣出，下出也。」郭璞《注》：「從上溜下。」《說文》「澆，㳽也。」「㳽，灌溉也。」《段注》：「自上澆下曰沃。」《釋名・釋水》：「懸出曰沃泉，水從上下，有所灌沃也。」絳水流經白石山，水流從崖上下注，形成瀑布，如從天落，下積為潭。故此水亦名「沃」。沃，本義為向下澆水。《左傳・僖公二十三年》：「奉匜沃盥。」

〔５〕既見君子：已經見到了「君子」。君子，即上文的「子」。

〔６〕云何不樂：難道心裏不快樂？云，通曰，語助詞。何，通曷，什麼。樂，快樂。這句歌詞是反問句。歌者說，她見到了「君子」，心裏很快樂。

〔７〕皓皓：潔白。皓，白。《毛傳》：「皓皓，潔白也。」《陳風・月出》：「月出皓兮。」《楚辭・漁父》：「安能以皓皓之白，而蒙世俗之塵埃乎！」《說文》無「皓」字。皓與皦、皛、曉、皎、皛音義皆通。皓，匣母幽部；皦、皎，見母宵部；曉，曉母宵部；皛、皛，匣母宵部。見、曉、匣旁紐，幽、宵旁轉。《說文》：「曉，日之白也。」《玉篇・白部》「皛」與「皓」為異體字。《小爾雅・廣詁》「皓，白也。」《類篇・白部》：「皓，白貌。」《王風・大車》：「有如皦日。」《毛傳》：「皦，白也。」《孟子・滕文公上》：「皛皛乎不可尚已。」趙岐《注》：「皛皛，白甚也。」《列子・湯問》：「皛然疑乎雪。」一說，皓是晧的俗字。《說文》：「晧，日出貌。」《段注》：「謂光明之貌也。天下惟潔白者最光明，故引申為凡白之稱。又改其字從白作皓矣。」清王筠《說文句讀》：「『晧，日出兒。』兒，蓋『光』之訛。《字林》：『晧，日出光也。』《眾經音義》同。《釋詁》：『晧，光也。』當為許君所本。字俗作皓。《詩》：『月出皓兮。』」

〔８〕朱繡：有紅色刺繡紋飾的衣領。繡，繡花紋飾。《毛傳》：「繡，黼也。」

〔９〕從子于鵠：跟隨你到沃泉旁邊的高地上。鵠，本義為天鵝，水鳥。《說文》：「鵠，鴻鵠也。」鵠通皋。鵠，匣母覺部；皋，見母幽部。匣、見旁紐，覺、幽對轉。

皋，水邊高地。《齊詩》作「皋」。《焦氏易林‧否之師》：「衣素表朱，遊戲皋沃。」王引之《經義述聞‧毛詩上》：「鵠與皋古同聲。」本章「皓」「鵠」「憂」協韻，「皓」「憂」皆幽部字，夾在中間的「鵠」卻是覺部字。「皋」是幽部字，《齊詩》「皋」是正字。

〔10〕云何其憂：還有什麼憂心的呢？何，什麼。胡通何。洪适《隸釋‧石經魯詩殘碑》：「既見君子，云胡其憂？」其，語助詞。憂，煩惱，憂愁，不高興。這句歌詞也是反問句，與上文「云何不樂」同義。

〔11〕粼粼：與「皓皓」「鑿鑿」同義。粼，從水，從㷠聲兼義，本義為水清澈而有細碎的波光。《說文》：「粼，水生崖石間粼粼也。從〈〈，㷠聲。」粼通磷。粼、磷皆來母真部字。磷，雲母。雲母色白，又引申為白色義。《玉篇‧石部》：「磷。雲母別名。」《本草綱目‧金石部‧集解》引陶弘景曰：「皎然純白明澈者，名磷石。」一說，「粼粼」是水清的樣子。《毛傳》：「粼粼，清澈也。」「鑿鑿」「皓皓」「粼粼」皆是形容水中石頭潔白的詞語，藉以表現沃水清澈之貌。

〔12〕我聞有命：我知道了父母有讓我與某某結婚的意圖。聞，本義為耳朵聽到了聲音。《說文》：「聞，知聲也。」《小雅‧鶴鳴》：「鶴鳴于九皋，聲聞于野。」《小雅‧何人斯》：「我聞其聲，不見其身。」《小雅‧白華》：「鼓鍾于宮，聲聞于外。」聞，引申為知曉之義。《大雅‧崧高》：「申伯之德，……聞于四國。」有命，有成命。命，命令、意圖。此指婚姻上的父母之命。《鄘風‧蝃蝀》：「大無信也，不知命也！」

〔13〕不敢以告人：我不敢將這一消息告訴他人。以，拿，把。告，告訴，告知。人，他人，別人。這是男子表示對此次婚戀有所憂慮的一種婉轉說法。

【詩旨說解】

《揚之水》是一男一女在沃泉旁邊對唱婚戀情歌的歌詞。一個身穿豔麗服裝的女子，追隨一個貴族男子到沃泉旁邊談情說愛。女子很願意跟這個男子結成婚配，心中十分高興，便唱一支情歌給這個男子聽。男子聽了女子的歌，即回歌作答。

「素衣朱襮，從子于沃。既見君子，云何不樂」「素衣朱繡，從子于鵠。既見君子，云何其憂」是女詞，這些話語表達了女子追隨男子前來沃水上、沃泉邊談情說愛時的快樂心情。但是，男子聽了她的情歌之後卻回唱道：「我聞有命，不敢以告人。」這話從表面上看是他不樂意與該女子談婚論嫁的託詞。但也可能是他在挑逗這個女子，考察她的成婚意願是否堅定。

　　此歌詞中所寫的「白石」和「沃泉」，是晉地（古唐地）曲沃絳山中的實景。

<h2 style="text-align:center">椒聊</h2>

椒聊之實〔1〕，蕃衍盈升〔2〕。
彼其之子〔3〕，碩大無朋〔4〕。
椒聊且〔5〕，遠條且〔6〕！

椒聊之實，蕃衍盈匊〔7〕。
彼其之子，碩大且篤〔8〕。
椒聊且，遠條且！

【注釋】

〔1〕椒聊之實：花椒樹上的大串子實。椒聊，即椒朻，大子粒的花椒樹，一名「檓」，一名「大椒」。秦地稱「秦椒」，蜀地稱「蜀椒」。《爾雅·釋木》：「檓，大椒。」郭璞《注》：「今椒樹叢生，實大者名為檓也。」檓通燬。檓、燬皆曉母微部字。燬，火。此謂成熟的花椒子像火一樣紅。椒，花椒。《毛傳》：「椒聊，椒也。」「椒也」應為「椒梂也」，傳文脫一「梂」字。《說文》：「茉，茉莍。」《段注》：「『茉莍』蓋古語，猶《詩》之『椒聊』也。單呼曰『茉』，累呼曰『茉莍』。」馬瑞辰《通釋》：「竊疑《毛傳》原作『茉聊，茉莍也』。」聊通朻、梂。聊，來母幽部；朻，見母幽部；梂，群母幽部。來母與見、群母通轉。《爾雅·釋木》：「朻，檕梅。」「梂者聊。」郭璞《注》：「朻樹狀似梅，子如指頭，赤色似小柰，可食。」郝懿行《義疏》：「《唐本草》：『赤爪木，一名鼠樝，一名羊梂。』宋《圖經》又名棠梂，皆山樝也。梂，與朻同。」鼠樝、山樝，即山楂。《本草綱目·果二·山楂》：「〔釋名〕赤爪子，鼠樝，猴樝，茅樝，朻子，檕梅，羊梂，棠梂，山裏果。時珍曰：山楂味似樝子，故亦名樝。」用山楂果的名稱來稱呼大粒花椒樹的子實，是民間一種誇張性的命名方法。實，子實。

〔2〕蕃衍盈升：蔓延生長能收取一升。蕃衍，同蕃延、蔓延。指花椒樹枝條和果穗的滋長。蕃，通蔓。蕃，幫母元部；蔓，明母元部。幫、明旁紐。衍、延皆喻母元部字。《文選·景福殿賦》李善《注》引《詩》：「椒聊之實，蔓延盈升。」慧琳《一切經音義》卷五十六「椒房」下引《詩》：「椒聊之實，蕃衍延盈。」盈升，充滿一升。盈，充滿。《說文》：「盈，滿器也。」《廣雅·釋詁》：「盈，充也。」《廣韻·清韻》：「盈，滿也。」升，量器名。十合一升。《說文》：「升，

十合也。」一支花椒穗結不出一升的子實，花椒樹枝條蔓延生長結出數串穗子，其子實則可充滿一升。這句歌詞是誇張之語，盛讚花椒樹壯盛，果穗大，子實多。

〔3〕彼其之子：那個女子呀。彼，那裡，方位詞。其，語助詞。之子，是子。指新婚女子。《鄭箋》：「之子，是子也。」

〔4〕碩大無朋：身體碩大無人可比。碩大，身體壯實高大。碩，壯實。參見《邶風・簡兮》注〔5〕。《鄭箋》：「碩，謂壯貌，佼好也。」「碩」是讚美之詞，亦含佼好之義。《衛風・碩人》：「碩人其頎。」《小雅・車舝》：「辰彼碩女。」無朋，無人可比。朋，比。《毛傳》：「朋，比也。」《廣雅・釋詁》：「朋，比也。」這句歌詞盛讚新婚女子身體壯實健康，有很強的生育能力。

〔5〕椒聊且：多麼好的花椒樹呀！且，通哉。參見《邶風・北風》注〔6〕。

〔6〕遠條且：多麼長的枝條呀！遠條，往遠處長枝條。遠條即遠揚、遠長。《毛傳》：「條，長也。」這句歌詞也是讚美花椒樹。巫師祝願花椒樹枝條越長越遠，更加茂盛。一說，「遠」指花椒的香氣遠播。《鄭箋》：「椒之氣日益遠長，似桓叔之德彌廣博。」鄭玄將故事附會到曲沃桓叔身上，以椒香比桓叔之馨德，誤甚。

〔7〕盈匊：滿滿的一捧。匊，雙手捧穀米為匊。此為量詞。《毛傳》：「兩手曰匊。」《說文》：「匊，在手曰匊。」匊，俗作「掬」。「盈匊」與「盈升」皆是讚美之辭。

〔8〕碩大且篤：身體碩大而且厚實。篤，本義為馬因受累行走遲鈍。《說文》：「篤，馬行頓遲也。從馬，竹聲。」《段注》：「頓，如頓首，以頭觸地也。馬行箸實而遲緩也。」篤通管。篤、管皆，端母覺部字。《說文》：「管，厚也。從亯，竹聲。讀若篤。」《爾雅・釋詁》：「篤，厚也。」此歌詞中「篤」訓為「管」，與「碩」義近，借指人身體健壯敦實。《毛傳》：「篤，厚也。」《周易大傳》：「剛健篤實。」

【詩旨說解】

《椒聊》是女巫為新婚女子祈求生育力所唱的祝禱歌的歌詞。晉國風俗，新婚之家請女巫為新婦祈禱多生育子女。

「椒聊之實，蕃衍盈升。」「椒聊之實，蕃衍盈匊。」女巫的手上端著盛有花椒子的器皿，邊跳邊唱，騰挪做法。她以枝條茂盛的大粒花椒樹，比喻新婚女子多子，祈禱神靈保祐新婚女子有超強的生育能力。

「彼其之子，碩大無朋。」「彼其之子，碩大且篤。」這是女巫讚美新婚女子體格強壯，暗指她有很好的生育能力。

「椒聊且！遠條且！」這是女巫妖聲怪氣騰挪做法的語調。

聞一多《風詩類鈔·甲》解釋《椒聊》篇說：「椒類多子，所以古人常用來比喻女人。」「椒聊喻多子，欣婦人之宜子也。」袁寶泉、陳智賢《詩經探微》中說：「我們認為《芣苢》《椒聊》都是祈子求福之歌。」二說皆是。

綢繆

綢繆束薪〔1〕，三星在天〔2〕！
今夕何夕〔3〕？見此良人〔4〕！
子兮子兮〔5〕，如此良人何〔6〕？

綢繆束芻〔7〕，三星在隅〔8〕！
今夕何夕？見此邂逅〔9〕！
子兮子兮，如此邂逅何〔10〕？

綢繆束楚〔11〕，三星在戶〔12〕！
今夕何夕？見此粲者〔13〕！
子兮子兮，如此粲者何〔14〕？

【注釋】

〔1〕綢繆束薪：一把青草被緊密地纏縛在一起了。綢繆，纏繞捆束。《毛傳》：「綢繆，猶纏綿也。」纏，用絲線繞束某物。《說文》：「纏，繞也。」綿，細絲線相連不絕。《說文》：「縣，聯㣲也。」縣，通作「綿」。㣲，借為微，細微之義。聯 ，細絲相連。纏綿，絲線緊密纏繞、纏束之義。束薪，一束草。薪，割下來的草。「束薪」的說法源於上古的水占婚戀風俗。參見《周南·漢廣》注〔9〕、《王風·揚之水》注〔2〕。「綢繆束薪」是「姻緣已定」的變相說法。

〔2〕三星在天：參星已經升出東方的地平線了！三星，中國民間對參宿中三顆亮星的俗稱。《毛傳》：「三星，參也。」在天，升上了東方的天空。《毛傳》：「在天，謂始見東方也。」《孔疏》：「二章『在隅』，卒章『在戶』，是從始見為說。逆而推之，故知『在天』謂始見東方也。」《周禮·地官·媒氏》「中春之月」孔穎達《疏》引王肅云：「三星，參也，十月而見東方，時可以嫁娶。……孫卿曰：『霜降逆女，冰泮殺止。』《詩》曰：『將子無怒，秋以為期。』」《韓詩》

傳亦曰：『古者霜降逆女，冰泮殺止，士如歸妻，迨冰未泮。』為此驗也。……《孔子家語》曰：『霜降而婦功成，嫁娶者行焉。冰泮而農業起，昏禮殺於此。』《焦氏易林·復之履》：「霜降歸嫁，夫以為合。」焦贛習《齊詩》，此蓋為齊說。在中國古代天文學中，參宿是西方白虎七宿的第七宿，分野在晉。參宿三星與晉國居民的生活關係十分密切。《左傳·昭公元年》：「子產曰：『昔高辛氏有二子，伯曰閼伯，季曰實沈，居于曠林，不相能也。日尋干戈，以相征討。后帝不臧，遷閼伯于商丘，主辰。商人是因，故辰為商星。遷實沈于大夏，主參。唐人是因，以服事夏、商。其季世曰唐叔虞。當武王邑姜方震（娠）大叔，夢帝謂己：「余命而子曰虞，將與之唐，屬諸參，而蕃育其子孫。」及生，有文在其手曰虞，遂以命之。及成王滅唐而封大叔焉。故參為晉星。』」春秋時期，當參星傍晚從東方升起時，晉國已經進入季秋了。秋盡冬來，晉國人就開始忙碌娶親的事情了。晉國風俗，傍晚婚娶。

〔3〕今夕何夕：今天的夜晚是一個多麼好的一個夜晚啊。何夕，什麼樣子的夜晚。何通曷，什麼樣子。此句是反詰句。「何夕」是多麼好的夜晚的意思。

〔4〕見此良人：見到了這樣一位美人！良人，好人，即美人。陳奐《傳疏》：「良人，猶美人。」此句歌詞的「良人」，指待嫁的新娘。一說，「良人」是已婚的美女。《毛傳》：「良人，美室也。」室，指室內之人。婦人主家內事務，謂之「內人」，即室內之人。毛亨以「良人」為已嫁者，誤。

〔5〕子兮子兮：公子呀公子呀。子，公子。這是對親迎的新郎官的稱呼。一說，「子」通嗞，嗟歎之詞。《毛傳》：「『子兮』者，嗟茲也。」段玉裁《毛詩故訓傳定本》傳文注：「『茲』當作『嗞』。」王引之《經義述聞·毛詩上》「子兮子兮」條下：「經言『子兮』，猶曰『嗟子乎』『嗟嗞乎』也。」此說太牽強。

〔6〕如此良人何：你要把這美人怎麼辦呢？如……何，即把……怎麼樣。男方迎親者以親迎的新郎為說辭，婉轉地催促新娘出嫁啟程。「如此良人何」的言外之意：「趕快把這個良人接走吧。」晉國風俗，男方迎親者要催促女方三遍，女方才送新娘上車出嫁。此歌詞第一章是迎親的男方第一遍催嫁。

〔7〕束芻：一束草。束，一束。芻，甲骨文字從又（手）從草，謂薅拔草。《說文》：「芻，刈草也。」《段注》：「『刈草也』，謂飤飼牛馬者。」把薅下或割下來的喂牛馬的草稱為「芻」，是動詞的名詞化。

〔8〕三星在隅：參星已掛在天空的東南角了！隅，天空的一角。此指天空的東南角。《毛傳》：「隅，東南隅也。」「三星在隅」是大致的方位。

〔９〕邂逅：名詞，偶然相遇的人。「邂逅」與遇、遘音義近，本是動詞，作者將其
　　　活用為名詞，指在野外婚戀時一見鍾情的人。此用法有一定的創造性，是巧言
　　　說法。此句歌詞以此巧言誇讚待嫁的新娘，比上文「見此良人」更加悅耳動聽。

〔10〕如此邂逅何：與「如此良人何」意思相同。

〔11〕束楚：一束捆緊的草。楚，最好的草。參見《周南・漢廣》注〔10〕。此歌詞
　　　中「薪」「芻」「楚」皆指草。

〔12〕三星在戶：參星已掛在正南的天空了！在戶，在室門正南的天空中。戶，本
　　　義為獨扇室門。《說文》：「半門曰戶。」室門小，單扇門。《玉篇・戶部》：
　　　「戶，所以出入也。一扉曰戶，兩扉曰門。」戶，又為屋門口之義。明魏校
　　　《六書精蘊》第五卷：「戶，室之口也。」《小雅・斯干》：「築室百堵，西南
　　　其戶。」《禮記・禮器》：「未有入室而不由戶者。」室在堂後，人由戶進入室
　　　內。朱駿聲《說文通訓定聲・履部》「室」字下：「凡堂之後一架，以牆間之，
　　　中曰室，左右曰房。房之左右曰東夾室、西夾室。」半夜時參星行至南中天
　　　的位置，正對著室門口。

〔13〕粲者：「良人」「美人」的另一個說法。米白曰「粲」，人的牙齒白亦曰「粲」。
　　　美女皆明眸皓齒，故曰「粲者」。一說，「粲」是「奾」的通假字，指美女三人。
　　　《毛傳》：「三女為粲。大夫一妻二妾。」《國語・周語・密康公母論小丑備物
　　　終必亡》：「女三為粲。」《說文》：「奾，三女為奾。奾，美也。」若依「三女
　　　為奾」之說，則此歌詞的「粲者」非指一人，兼指媵女。

〔14〕如此粲者何：與「如此良人何」意思大致相同。

【詩旨說解】

　　《綢繆》是迎親催嫁歌歌詞。春秋時期，從深秋到開春是晉國人結婚辦
喜事的時間。晉國風俗，傍晚娶親，新郎傍晚到女方家中迎親。新娘因留連
母家，不肯從速出嫁。男方迎親的人員唱催嫁歌，催促新娘啟程。按照晉國
婚娶的禮數，男方的迎親者要催促三遍，新娘方才登車啟程。

　　此歌詞第一章：男方迎親者第一遍催促新娘上車啟程。「綢繆束薪，三星
在天」的意思是說：「美好的姻緣早已定下了，天色不早了，迎親的隊伍該啟
程了！」「今夕何夕，見此良人？子兮子兮，如此良人何？」這是一邊誇讚待
嫁的新娘美，一邊問新郎「拿待嫁的新娘怎麼辦」。這等於說：「新郎官等急
了，新娘子趕緊啟程吧！」

　　第二、三章與第一章的意思一樣，都是男方迎親者催促新娘子趕快啟程的說辭。「三星在戶」是「時間很晚了」的變相說法。

　　男方的迎親者如此催促三遍之後，新娘及隨行人員便乘車與男方迎親的車隊一起，前往新郎家中去了。

杕杜

有杕之杜〔1〕，其葉湑湑〔2〕，獨行踽踽〔3〕。
豈無他人〔4〕？不如我同父〔5〕。
嗟！行之人〔6〕，胡不比焉〔7〕？
人無兄弟〔8〕，胡不佽焉〔9〕？

有杕之杜，其葉菁菁〔10〕，獨行睘睘〔11〕。
豈無他人？不如我同姓〔12〕。
嗟！行之人，胡不比焉？
人無兄弟，胡不佽焉？

【注釋】

〔1〕有杕之杜：路邊孤獨地生長著一棵棠梨樹。有杕，即杕杕，樹木孤生獨立的樣子。杕，本義為孤生特立的樹木。《毛傳》：「杕，特貌。」段玉裁《毛詩故訓傳定本》傳文注：「《顏氏家訓》作『獨貌』。」《說文》：「杕，樹貌。從木，大聲。《詩》曰：『有杕之杜。』」《段注》：「『樹貌。』樹當作特，字之誤也。」杕通特。杕，定母月部；特，定母職部。月、職旁通轉。杕又通獨、單。獨，定母屋部；單，端母元部。定、端旁紐；月、屋旁通轉，月、元對轉。林義光《詩經通解》：「杕，毛云：『特生貌。』按，杕之言單也。杕、單雙聲對轉。」特，特立、獨立。特訓為單。《爾雅・釋水》：「士特舟。」郭璞《注》：「單船。」《方言》第六：「物無耦曰特。」《周禮・春官・小胥》：「士特縣（懸）。」鄭玄《注》：「樂縣（懸），謂鍾磬之屬縣於筍簴者。鄭司農云：『宮縣四面縣，軒縣去其一面，判縣又去其一面，特縣又去其一面。』……玄謂軒縣去南面，辟王也。判縣左右之合，又空北面。特縣縣於東方，或於階間而已。」《禮記・儒行》：「特立獨行。」《說文》：「獨，犬相得而鬥也。從犬，蜀聲。羊為群，犬為獨。」《段注》：「犬好鬥，好鬥則獨而不群。」《字彙・巳集・犬部》：「獨，單也，孤也。」《小雅・四月》：「民莫不穀，我獨何害。」杜，杜梨，即赤棠、

甘棠。《毛傳》:「杜,赤棠也。」參見《召南‧甘棠》注〔1〕。一說,酸澀者為「杜」。陸璣《毛詩草木疏》:「甘棠,今棠梨,一名杜梨,赤棠也。與白棠同耳。但子有赤白美惡。子白色為白棠,甘棠也。少酢滑美。赤棠子澀而酢,無味。俗語云『澀如杜』是也。」「赤梨澀」說不確。蓋上古未設驛亭,道路旁邊數里遠植一棵樹,樹蔭可讓行人乘涼歇息。周代道旁常植甘棠樹,行人在樹下歇腳,梨子成熟有解渴之用。《唐風‧有杕之杜》:「有杕之杜,生于道左。」「有杕之杜,生于道周。」《國語‧周語‧單襄公論陳必亡》:「《周制》有之曰:『列樹以表道,立鄙食以守路。』」女子唱情歌行走著尋偶,以路旁特立無偶的杜棠比喻自己孤單尚無匹配,又以杜棠這種甜果樹自比,意在讓男子感到她的存在。

〔2〕其葉湑湑:它的葉兒綠油油。湑,樹葉如被清水洗了一般,呈油綠之貌。湑,本義為清。《大雅‧鳧鷖》:「爾酒既清。」「爾酒既湑。」《鄭箋》:「湑,酒之沛者也。」沛,過濾使酒清。《儀禮‧士冠禮》:「旨酒既湑。」鄭玄《注》:「湑,清也。」《小雅‧蓼蕭》:「蓼彼蕭斯,零露湑兮。」《小雅‧裳裳者華》:「裳裳者華,其葉湑兮。」「裳裳者華,芸其黃矣。」「裳裳者華,或黃或白。」「湑」與「黃」「白」對文,皆是形容葉、花色彩的詞,「湑」當指青綠色。「湑湑」形容露濕青葉的樣子。歌者誇道旁孤生的棠梨樹葉兒綠油油,長得美,其實是誇她自己長得美。

〔3〕獨行踽踽:我一個人在道路上孤獨地行走。踽踽,腳蹭地面慢慢騰騰默默無趣地行走的樣子。《阜詩》有「胥=〔蜀行〕禹」一行簡文,〔蜀、〔禹左偏旁皆殘,蓋其字為「獨」和「踽」。該簡文應是《杕杜》中的句子,作「獨行踽踽」。踽通瑀。瑀,見母魚部;踽,不見於字書,與「瑀」字音近。《魯說》《韓說》:「踽踽,行也。」魯、韓說釋義含混不清。《毛傳》:「踽踽,無所親也。」無所親,即孤獨。《說文》:「踽,疏行貌。」疏對密。疏行,即無伴而行。《玉篇‧足部》:「踽,獨行貌。」《孟子‧盡心下》:「行何為踽踽涼涼?」踽踽涼涼,孤獨冷漠的樣子。

〔4〕豈無他人:難道就沒有別的人可以相好?豈無,難道沒有。他人,別人。指可與婚戀相好之人。

〔5〕不如我同父:因為他們不像我的兄弟們那樣有至親之情。同父,即兄弟。同父所生,有至親之情。《詩經》中常把男女之間的感情關係比作兄弟親情關係。《邶風‧谷風》:「宴爾新昏,如兄如弟。」《鄭風‧揚之水》:「終鮮兄弟,維予與女。」

〔6〕嗟！行之人：哎呀！路上的人啊。嗟，歎詞，哎。行之人，路上的人。行，道路，路途。

〔7〕胡不比焉：為什麼不與我並肩而行呢？胡，何，為什麼。比，甲骨文字象兩人並列之形，本為並列、並行之義。參見《邶風・谷風》注〔38〕。焉，疑問詞。歌者在道路上邀請同路的男子與她結伴而行。

〔8〕人無兄弟：我現在沒有戀人。人，唱情歌女子的自稱。在現代漢語中也有將「我」說成「人家」的說法。兄弟，即親密如兄弟的人。這是對「戀人」的變相說法。

〔9〕胡不佽焉：怎麼不跟在我身後一起走呢？佽，從人從次，人以次排列之義。《說文》：「佽，一曰遞也。」《段注》：「《小雅・車攻》：『決拾既佽。』……《車攻》鄭箋云：『謂手指相次比也。』」段玉裁引鄭玄說「佽」為相次之義。次，從二，欠聲，本義為第二。《說文》：「次，不前。从欠，二聲。」《段注》：「『从欠，二聲』，當作『从二，从欠』。从二故為次。」朱駿聲《說文通訓定聲・履部》：「次，不前、不精也。从欠从二，會意，二亦聲。」《左傳・昭公十六年》：「庸次比耦。」杜預《注》：「庸，用也。用次，更相從也。」此歌詞中「比」「佽」對文，「比」為並行，「佽」為隨行。

〔10〕其葉菁菁：梨樹葉兒青又青。菁菁，即青青。菁，本義為韭菜花。《說文》：「菁，韭華也。」《文選・南都賦》「秋韭冬菁」李善《注》引《廣雅》曰：「韭，其華謂之菁。」菁通青。菁，精母耕部；青，清母耕部。精、清旁紐。《釋文》：「菁，本又作青。」青，綠色。《小雅・菁菁者莪》：「菁菁者莪，在彼中阿。」《衞風・淇奧》：「瞻彼淇奧，綠竹青青。」《小雅・苕之華》：「苕之華，芸其黃矣。……苕之華，其葉青青。」「黃矣」與「青青」對文，皆謂葉之顏色。《毛傳》：「菁菁，葉盛也。」葉青青而樹茂盛。毛說非正解。

〔11〕睘睘：音義同「惸惸」「煢煢」，孑然孤立的樣子。《毛傳》：「睘睘，無所依也。」睘，「瞏」字的省略形，本義為目驚視。《說文》：「瞏，目驚視也。」睘通惸、偗、煢。睘、惸、偗、煢皆群母耕部字。惸，無兄弟。引申為孤獨之義。《周禮・秋官・大司寇》「惸獨老幼」鄭玄《注》：「無兄弟曰惸。」惸、偗、煢皆有獨義。《魯詩》作「煢」。《釋文》：「睘，本亦作煢。」《小雅・正月》「哿矣富人，哀此惸獨」，《孟子・梁惠王下》引作「哿矣富人，哀此煢獨」。《尚書・周書・洪範》：「無虐煢獨而畏高明。」孫星衍《疏》：「煢，蓋『惸』假借字。」

《楚辭・離騷》：「夫何煢獨而不予聽？」王逸《注》：「煢，孤也。」《方言》
第六：「茕，特也。楚曰茕。」《廣雅・釋詁》：「茕，特也。」《玉篇・卂部》：
「煢，單也；無兄弟也；無所依也……或作惸。」

〔12〕同姓：即同生。姓通生。同生，即同父，兄弟之義。這是詩歌的巧言說法。參
見《周南・麟之趾》注〔5〕。

【詩旨說解】

《杕杜》是婚戀情歌歌詞。某女子前往婚戀集會場合尋偶，在路上就開
始物色起婚戀對象來了。她見到路旁的梨樹葉子青綠，睹物起興，於是便借
眼前的現實景象，編唱了《杕杜》這支求偶情歌。

女子在道路上唱情歌求偶，是春秋時期常見的婚戀行為。《鄭風・野有蔓
草》《曹風・候人》也是青年人在路途中的唱的求偶情歌。可參閱。

關於《杕杜》這篇歌詞的主旨，還有一些說法：

一，刺晉昭公說。《毛詩》序：「《杕杜》，刺時也。君不能親其宗族，骨
肉離散，獨居而無兄弟，將為沃所併爾。」《鄭箋》：「（晉）昭公遠其親族，
獨行於國中，踽踽然。」王先謙《詩三家義集疏》說，齊、魯、韓「三家無
異義」。

二，傾吐斷絕族情之怨說。上海博物館藏戰國楚竹書《孔子詩論》第二
十簡殘存文字：「吾以《杕杜》得雀……」晁福林先生據《詩論》上下文將句
子補全為：「吾以《杕杜》得雀（絕）服之怨，民性古（固）然。」晁福林先
生認為，《孔子詩論》說《杕杜》是寫男子因被迫脫離宗族而傾吐怨情的詩篇。
中國喪葬禮俗，五服之內的親族，輩分低的生者為輩分高的死者穿喪服，親
者重服，疏者輕服。五服：斬衰、齊衰、大功、小功、緦麻。斬衰是五服中最
重的喪服，緦麻是最輕的喪服。「絕服」的意思是五服之外的人與本族斷絕了
親族關係，失去了穿喪服的資格。《禮記・大傳》：「六世親屬竭矣」「絕族無移
（施）服」。絕服者被本族疏遠，故有「雀（絕）服之怨」。（晁福林《上博簡
〈詩論〉與〈詩・杕杜〉探析》，《學術月刊》2003 年第 1 期）

三，感傷孤獨，歎無兄弟相助說。朱熹《集傳》說，《杕杜》篇是「無兄
弟者自傷其孤特而求助於人之辭」。清姚際恒《詩經通論》說，《杕杜》是「不
得於兄弟而終望兄弟比助之辭」。

羔裘

羔裘豹袪〔1〕，自我人居居〔2〕。
豈無他人〔3〕？維子之故〔4〕。

羔裘豹襃〔5〕，自我人究究〔6〕。
豈無他人？維子之好〔7〕。

【注釋】

〔1〕羔裘豹袪：那個身穿黑羊皮裘且有豹皮袖飾的人。羔裘，黑羊羔皮製的裘衣。
參見《鄭風·羔裘》注〔1〕。豹袪，用豹子皮作袖口邊飾的袖子。袪，又稱「袂」，
衣袖。參見《鄭風·遵大路》注〔2〕。《毛傳》：「袪，袂也。」段玉裁《毛詩
故訓傳定本》校訂傳文為「袪，袂末也」，並注：「從定本，有『末』字。《玉
藻》說：『袂二尺二寸，袪尺二寸。』」豹皮飾在袪口。「羔裘豹袪」是卿大夫
等上層貴族男子所穿之衣，代指上層貴族男子。

〔2〕自我人居居：從我這裡看，你是一幅安然自得的樣子。自我，從我這裡。自，
從。《衛風·氓》：「自我徂爾，三歲食貧。」《尚書·虞書·皋陶謨》：「天聰明，
自我人聰明。」孫星衍《注疏》：「自，亦為從。」人，那個人。情歌語言含蓄，
不直說「你」，而說「那個人」。居居，又作「倨倨」，人向前伸出兩腿箕踞倚
物休息的樣子。《莊子·盜跖》：「神農之世，臥則居居，起則于于，民知其母，
不知其父，與麋鹿共處，耕而食，織而衣，無有相害之心。」成玄英《南華真
經疏》：「居居，安靜之容。」《淮南子·覽冥訓》：「臥倨倨，興眄眄。」高誘
《注》：「倨倨，臥無思慮也。」此歌詞的「居居」形容人安適自得的樣子，是
讚美之詞。

〔3〕豈無他人：難道說沒有其他的人願意跟我相好？「豈無他人」是《毛詩》中多
見的情歌語言。《鄭風·褰裳》：「子不我思，豈無他人？」《杕杜》：「豈無他人？
不如我同父。」

〔4〕維子之故：只因為你是我的舊交。維，通以，因為。參見《鄭風·狡童》注〔3〕。
子，你。之，是。參見《邶風·柏舟》注〔11〕、《燕燕》注〔17〕。故，故舊，
舊相識。《鄭風·遵大路》：「無我惡兮，不寁故也。」歌者向她的舊男友表白，
她很留戀他們往日的感情。

〔5〕豹襃：同「豹袪」。襃，從衣從手，「秀」省聲，「袖」字的古體。襃，又作
「褎」。《毛傳》：「襃，猶袪也。」《說文》：「褎，袂也。从衣，采聲。袖，俗

褎从由。」《段注》：「『从衣，采聲』，聲蓋衍字。采非聲。」「袪」「褎」實指
　　一物。

〔6〕究究：即赳赳，走路威武有力的樣子。究通赳。究、赳皆見母幽部字。《周南·
　　兔罝》：「赳赳武夫，公侯干城。」「究究」也是讚美之詞。

〔7〕維子之好：因為你是我的舊情人。好，與「故」對文，舊相好，舊情人。《鄭
　　風·遵大路》：「無我惡兮，不寁好也。」

【詩旨說解】

　　《羔裘》是婚戀情歌歌詞。一個女子在仲春集會上唱了一支情歌，招引
她的舊情人。「豈無他人？維子之故」「豈無他人？維子之好」與《鄭風·遵大
路》「無我惡兮，不寁故也」「無我惡兮，不寁好也」的說法如出一轍，分明是
情歌語言。「羔裘豹袪，自我人居居」「羔裘豹褎，自我人究究」是歌者誇讚她
的舊情人精神狀態好。周代的情歌多用美好的語言誇讚婚戀對象。「豈無他
人？維子之故」「豈無他人？維子之好」是歌者明確表示要與她的舊情人重修
往日之好。

鴇羽

　　　　蕭蕭鴇羽〔1〕，集于苞栩〔2〕。
　　　　王事靡鹽〔3〕，不能蓻稷黍〔4〕，父母何怙〔5〕？
　　　　悠悠蒼天〔6〕，曷其有所〔7〕！

　　　　蕭蕭鴇翼〔8〕，集于苞棘〔9〕。
　　　　王事靡鹽，不能蓻黍稷，父母何食〔10〕？
　　　　悠悠蒼天，曷其有極〔11〕！

　　　　蕭蕭鴇行〔12〕，集于苞桑〔13〕。
　　　　王事靡鹽，不能蓻稻粱〔14〕，父母何嘗〔15〕？
　　　　悠悠蒼天，曷其有常〔16〕！

【注釋】

〔1〕蕭蕭鴇羽：鴇雁在天空「蕭蕭」地扇動著翅膀飛。蕭蕭，猶今言「唰唰」，象
　　聲詞。此指鴇雁扇動翅膀飛的聲音。《毛傳》：「蕭蕭，鴇羽聲也。」《小雅·鴻
　　雁》：「鴻雁于飛，蕭蕭其羽。」鴇，鳥名，似雁，比雁大，無後趾。《毛傳》：
　　「鴇之性不樹止。」《釋文》：「鴇似雁而大，無後趾，性不樹止。」《說文》：

「鴇，鴇鳥也。」《段注》：「鴇《詩》《禮記》。陸《疏》曰：『連蹄，性不樹止。』」鴇雁一般不在樹上停落。羽，本義為羽毛。《說文》：「羽，鳥長毛也。象形。」此歌詞以「羽」代表翼，動詞，扇動翅膀之義。大鳥將飛落樹上時，人們能聽到它「簌簌」地扇動翅膀的聲音。

〔2〕集于苞栩：忽而成群地降落在了茂盛的栩樹上。集，字又作「雧」，本義為鳥成群地落在一棵樹木之上。引申為集中、集合之義。《毛傳》：「集，止。」《說文》：「雧，群鳥在木上也。」苞栩，茂盛的栩樹。苞通茂。苞，幫母幽部；茂，明母幽部。幫、明旁紐。《廣韻·肴韻》：「苞，茂也。」《大雅·生民》：「實方實苞。」《鄭箋》：「苞，亦茂也。」《小雅·斯干》：「如竹苞矣，如松茂矣。」既說「苞」，又說「茂」，是巧言修辭方式。一說，「苞」為稠密之義。《毛傳》：「苞，積。」積，禾稠密。《爾雅·釋言》：「苞，積。」《說文》「積」字《段注》：「此與鬢為稠髮同也。」鬢，頭髮稠密。積，稠密義，與「茂盛」義異。栩，樹木名，又稱「櫟」「柞」「杼」。《毛傳》：「栩，杼也。」《爾雅·釋木》：「栩，杼。」陸璣《毛詩草木疏》：「栩，今柞櫟也。徐州人謂杼為櫟，或謂之為栩。其子為皂，或言皂斗。」

〔3〕王事靡盬：周王室派遣的差役還沒幹完。王事，周王朝下派的差役。這裡是「做王事」的意思。靡盬，不能歇息。靡，沒有。盬，從盬省，古聲，本義為原鹽。盬通苦。盬，見母魚部；苦，溪母魚部。見、溪旁紐。原鹽有苦味，「盬」字因苦得聲。盬又通姑、暇。姑，見母魚部；暇，匣母魚部。見、匣旁紐。《玉篇·盬部》：「盬，姑也。」王引之《經義述聞·毛詩上》「王事靡盬」條下：「盬者，息也。『王事靡盬』者，王事靡有止息也。……《爾雅》曰：『棲遲、憩、休、苦，息也。』苦讀與靡盬之盬同。』」暇，閒暇之義。《說文》：「暇，閒也。從日，叚聲。」《小雅·何草不黃》：「哀我征夫，朝夕不暇。」鴇雁無後趾，落在樹上之後不能久停，只好飛起來再尋找另一棵樹去落腳。它降落在樹上休息時，便能見其止息艱難的樣子。此歌詞以鴇雁比喻經常遷徙、居無定所的服役者。服役的人像鴇雁不能在樹上久停一樣，難得歇息。

〔4〕不能蓺稷黍：使我不能及時回到家鄉種植稷子和黍子。蓺，字本作「埶」，又作「藝」，本義為種植。《鄭箋》：「蓺，樹也。」《說文》：「埶，種也。」《左傳·昭公六年》：「不採蓺。」杜預《注》：「蓺，種也。」《大雅·生民》：「蓺之荏菽。」稷，粟穀類農作物，似黍，子粒做成熟食不黏。參見《王風·黍離》注〔2〕。黍，粟穀類農作物，熟食有黏性。「稷黍」代指一般糧食作物。

〔5〕父母何怙：父母吃什麼？怙，本義為仗恃、依賴。《說文》：「怙，恃也。从心，古聲。」怙，通餬、糊。怙、餬、糊皆匣母魚部字。糊，稠粥。《集韻·模韻》：「糊，煮米及麵為粥。」餬，又作「䭜」，本義為食粥。泛稱「食」。俞樾《群經平議·毛詩二》：「怙，乃餬之假字。」《莊子·人間世·釋文》「餬口」下：「李云：『食也。』崔云：『字或作互，或作䭜。』」《玉篇·食部》列「餬」「䭜」為異體字。「怙」與「食」「嘗」對文，皆為餐食之義。高亨《詩經今注》：「怙，借為餬，餬口。」

〔6〕悠悠蒼天：幽遠而深邃的青天呀。悠悠，深而遠的樣子。蒼天，青天。此指天帝。人在遇到困難時會情不自禁地呼喊「蒼天」。《王風·黍離》：「悠悠蒼天，此何人哉？」《史記·屈原賈生列傳》：「夫天者，人之始也；父母者，人之本也。人窮則反本，故勞苦倦極，未嘗不呼天也；疾痛慘怛，未嘗不呼父母也。」

〔7〕曷其有所：什麼時候才能有安定的處所！曷，什麼時候。《鄭箋》：「曷，何也。何時我得其所哉？」所，處所。指安定的止息處。馬瑞辰《通釋》：「按，《三蒼》：『所，處也。』《廣雅》：『處，止也。』所為處，即為止。『曷其有所』猶言『曷其有止』。」止，止息。服役者盼望役期結束回家居住，過安定的生活。

〔8〕翼：又作「𦐧」，本義為鳥翅膀。《說文》：「𦐧，翄也。」「翄，翼也。」「翼」「羽」「行」對文，皆為鳥扇動翅膀飛行之義。

〔9〕苞棘：枝葉茂密的野棗樹。棘，野棗樹。

〔10〕父母何食：父母吃什麼？食，吃。

〔11〕曷其有極：什麼時間才能熬到頭！極，頂點、盡頭。此指服役期的盡頭。《鄭箋》：「極，已也。」已，止。

〔12〕行：通翮。行，匣母陽部；翮，匣母錫部。陽、錫旁對轉。《毛傳》：「行，翮也。」晉國方言「翮」音如「行」。翮，本義為羽莖。代指翅膀。此為扇動翅膀飛行之義。《說文》：「翮，羽莖也。」《段注》：「莖，枝柱也。謂眾枝之柱。翮亦謂一羽之柱。莖、翮雙聲。《唐風》：『肅肅鴇行。』毛曰：『行，翮也。』亦於雙聲求之。上文云『鴇羽』『鴇翼』，故不得以行列釋之也。」

〔13〕苞桑：茂盛的桑樹。

〔14〕稻粱：指稻穀和粟谷。稻，水稻。周代各諸侯國普遍種植水稻。《豳風·七月》：「八月剝棗，十月穫稻。」《小雅·甫田》：「黍稷稻粱，農夫之慶。」《小雅·

白華》:「滮池北流,浸彼稻田。」《魯頌・閟宮》:「有稷有黍,有稻有秬。」
《左傳・昭公十八年》:「六月,郢人藉稻。」《戰國策・東周策・東周欲為稻》:
「東周欲為稻,西周不下水。」《管子・地員》:「黑埴,宜稻、麥。」稻米為
精糧。粱,精粟米。段校《說文》:「粱,禾米也。」朱駿聲《說文通訓定聲・
壯部》「粱」字下:「按,即粟也、穈也、芑也,今小米之大而不黏者。」《三
倉》:「粱,好粟也。」《國語・晉語・悼公即位》:「夫膏粱之性難正也。」韋
昭《注》:「粱,食之精者。」稻、粱皆為精糧,貴族所食。《論語・陽貨》:「食
夫稻,衣夫錦。」《管子・小匡》:「食必粱肉,衣必文繡。」此句歌詞中的「稻
粱」代指優質糧食作物。

〔15〕父母何嘗:父母吃什麼?嘗,俗作「嚐」,原義為辨別食物的滋味,亦有吃義。
《說文》:「嘗,口味之也。从旨,尚聲。」《小雅・甫田》:「嘗其旨否。」好
的祭品由神祇嘗,好的食品由年長輩分高的人先嘗。

〔16〕曷其有常:什麼時候才能過上正常的生活!常,正常,平常。指服役者返鄉過
平常的生活。

【詩旨說解】

《鴇羽》是怨歌歌詞。此歌詞向人們訴說了服勞役受苦之事。歌詞中所
謂的「王事」,當指周王朝給諸侯國下達的幫助其他諸侯國對外作戰、平息事
端、駐防、修築工事等等的任務,抑或是晉國私自打著「王命」的旗號所下派
的役事。此歌詞未明說服役者所服差役為何事,既未言及該差役的危險性,
也未言及該差役的艱苦性,歌者只為服差役的時間長、不得歇息而道苦,報
怨因服差役而耽誤了他的農事。歌者用「鴇飛無止」形象地比喻服役者不得
歇息的生存狀態。

按照周朝的制度,一戶人家只出一人服役,服役者的服役期一般為準一
年。若服役者當年春天前往服役地區執行任務,當年的十月歲末就該返回家
中。《周禮・地官・小司徒》說:「凡起徒役,毋過家一人。」《小雅・采薇》:
「曰歸曰歸,歲亦莫止。……曰歸曰歸,歲亦陽止。……昔我往矣,楊柳依
依。今我來思,雨雪霏霏。」《小雅・小明》:「昔我往矣,日月方除。曷云其
還,歲聿云莫。」《唐風・蟋蟀》:「蟋蟀在堂,歲聿其莫。」「蟋蟀在堂,役車
其休。」讓服役者超期服役,是違背周朝王制的做法。據《左傳・莊公八年》
記載,齊襄公派連稱、管至父二大夫戍葵丘,他依舊制隨口允之以「瓜時而

往，及瓜而代」，戍期一年。但是，一年之後齊襄公既未派人前往癸丘慰問，也未派人換崗。於是連、管二人一怒之下在齊國作亂，殺死了齊襄公。

晉國在晉惠公六年（公元前 645 年）「作爰田」「作州兵」，改革了舊的田賦制和徵兵制，擴大私田和徵兵的範圍，對野人徵兵，有軍功的野人可以得到一定數量的土地而成為自耕農。此歌詞的作者可能是一個自耕農家庭的成員。他不堪超期服役之苦，故作此怨歌。

在周代，因為長期服差役而嚴重地影響服役者家庭生產、生活的事情是經常發生的。《邶風·北門》《小雅·四牡》《小雅·采薇》《小雅·杕杜》《小雅·北山》等篇，也都反映了服役者超期服役的情況。

無衣

豈曰無衣〔1〕？七兮〔2〕！
不如子之衣〔3〕，安且吉兮〔4〕！

豈曰無衣？六兮〔5〕！
不如子之衣，安且燠兮〔6〕！

【注釋】

〔1〕豈曰無衣：怎能說沒有衣裳？豈曰，怎能說。豈，何，怎。參見《召南·行露》注〔2〕。」

〔2〕七兮：我曾有過七套官服啊！七，七套官服。周王賜給侯伯的官衣為七套。《毛傳》：「侯伯之禮七命，冕服七章。」《周禮·春官·典命》：「侯伯七命，其國家、宮室、車旗、衣服、禮儀皆以七為節。」《周禮·秋官·大行人》：「諸侯之禮，……冕服七章。」此歌詞中的「七」蓋是虛數，屬誇張性言詞。

〔3〕不如子之衣：那也比不上你給我做的衣服好。子之衣，你的衣服。指亡妻給歌者做的衣服。子，你。這是歌者對其亡妻的敬稱。

〔4〕安且吉兮：讓我穿在身上感到舒適又潔淨啊！安，本義為安泰。《爾雅·釋詁》：「安，定也。」《說文》：「安，靜（竫）也。从女在宀下。」「竫，亭（定）安也。」《左傳·襄公十一年》引《書》：「居安思危。」安通晏、軟。安、晏皆影母元部；軟，日母元部。影、日通轉。軟，柔。《爾雅·釋訓》：「晏晏、溫溫，柔也。」《釋名·釋言語》：「安，晏也。」《廣韻·諫韻》：「晏，柔也。」《鄭風·羔裘》：「羔裘晏兮！」吉，本義為善、吉祥。《說文》：「吉，善也。」

吉通潔。吉，見母質部；潔，見母月部。質、月旁轉。潔，衣服乾淨美觀。聞
一多《詩經通義·乙》：「吉，讀為絜。絜、潔古今字。《天保》：『吉蠲為饎』，
《大戴禮記·諸侯遷廟篇》注引作『絜蠲』。」

〔5〕六兮：我曾有過六套官服呀！六，六套官服。《毛傳》：「天子之卿六命，車旗、
衣服以六為節。」朝內之卿官服為六套，諸侯加一等。《周禮·天官·序官》
「治官之屬」下鄭玄《注》：「王之卿六命，其大夫四命，士以三命，而下為差。」
《周禮·春官·典命》：「王之三公八命，其卿六命，其大夫四命。及其出封，
皆加一等。其國家、宮室、車旗、衣服、禮儀亦如之。」此歌詞前言「七」而
後言「六」，「七」「六」為不定之詞。「六」同樣是虛數，屬誇張性言詞。

〔6〕安且燠：柔軟舒適又暖和。指有綿絮的冬衣。燠，暖。《毛傳》：「燠，煖也。」
《爾雅·釋言》：「燠，煖也。」煖，同暖。《禮記·內則》：「問衣燠寒。」《尚
書·周書·洪範》：「曰燠曰寒。」歌者通過其亡妻生前為他所做的溫暖舒適的
衣服，體會到了其妻對他的恩愛之情。亡妻生前對他溫柔體貼，關愛多多。

【詩旨說解】

《無衣》是悼亡歌歌詞。悼亡者是一位官吏，亡者是官吏之妻。這位官
吏在其亡妻的葬日或忌日作祭奠，唱哀歌。此歌詞表達了歌者的思妻、愛妻
之情。

在周代，殯葬或死者忌日作悼念活動，是可以唱葬歌、祭歌的。《詩經》
中的《邶風·綠衣》《邶風·凱風》《唐風·葛生》《陳風·墓門》《檜風·素冠》
《小雅·蓼莪》皆是悼亡的歌曲。

聞一多《風詩類鈔》說：「《無衣》，此感舊或傷逝之作。」程俊英《詩經
譯注》評論《無衣》說：「這是一篇覽衣感舊或傷逝的詩。」

有杕之杜

有杕之杜〔1〕，生于道左〔2〕。
彼君子兮〔3〕，噬肯適我〔4〕？
中心好之〔5〕，曷飲食之〔6〕？

有杕之杜，生于道周〔7〕。
彼君子兮，噬肯來遊〔8〕？
中心好之，曷飲食之？

【注釋】

〔1〕有杕之杜：即「杕杕之杜」。指道路旁邊孤獨挺立的棠梨樹。參見《杕杜》注
　　〔1〕。這句是唱情歌的女子以棠梨樹自比。

〔2〕生于道左：生長在道路的左側。生于，生長在。道，道路。左，左邊。

〔3〕彼君子兮：那位君子呀。君子，貴族男子。指正在行路的某位貴族男子。

〔4〕噬肯適我：你是否願意來找我？噬肯，即曷可、何可。這是問可以不可以。
　　噬，本義為咬噬。《說文》：「噬，啗也。」「啗，食也。」啗，同啖。《方言》
　　第十二：「噬，食也。」噬通曷、何，疑問詞。噬，禪母月部；曷，匣母月部；
　　何，匣母歌部。禪、匣通轉，月、歌對轉。聞一多《詩經通義‧乙》：「噬、逝、
　　曷古音同部。」逝，禪母月部。一說，「噬」為及義。《毛傳》：「噬，逮也。」
　　噬，《魯詩》作「遾」。《魯說》：「遾，逮也。」《韓詩》作「逝」。《韓說》：「逝，
　　及也。」《釋文》：「《韓詩》作逝。逝，及也。」此說不通。肯，通可。參見《邶
　　風‧終風》注〔6〕。《鄭箋》：「肯，可也。」適我，來找我。適，到。《鄭箋》：
　　「適，之也。」我，歌者自稱。

〔5〕中心好之：心中喜歡那個人。中心，「心中」的異構詞。好之，喜歡他。好，
　　意動詞，喜歡。之，指示代詞，代指歌者自己。

〔6〕曷飲食之：為什麼不去「飲食」他？曷，通盍，何不。曷，匣母月部；盍，匣
　　母盍部。月、盍通轉。《爾雅‧釋言》：「曷，盍也。」邵晉涵《正義》：「曷、
　　盍聲近義同。」飲食，動詞詞組，備湯、飯讓人餐飲。《詩經》中的「食」「飢」
　　等字眼，是求愛、言性事的語言。《召南‧汝墳》：「未見君子，惄如調飢。」
　　《王風‧丘中有麻》：「丘中有麥，彼留子國。彼留子國，將其來食。」《鄭風‧
　　狡童》：「彼狡童兮，不與我食兮。」《陳風‧衡門》：「豈其食魚，必河之魴？」
　　《陳風‧株林》：「乘我乘駒，朝食于株。」《陳風‧衡門》：「泌之洋洋，可以
　　樂飢。」《曹風‧候人》：「婉兮孌兮，季女斯飢。」古代情歌語言的原貌如此，
　　率真、質樸、不加掩飾。之，語助詞。

〔7〕道周：道路的右邊。周，「右」的借字。《釋文》引《韓說》：「周，右也。」馬
　　瑞辰《通釋》：「『道周』與『道左』相對成文，故《韓詩》訓為道右。周、右
　　古音同部，周即右之假借。」《詩經》中多見「左」與「右」對文或連文。此
　　歌詞上文言「左」，下文當言「右」。周秦音「周」「右」不同部，蓋晉國方言
　　「周」「右」「遊」音近。古代在道路旁種植梨樹以「表道」，道路的左邊和右
　　邊皆可栽植，間隔五里左右的距離植一棵，後來演變為五里一短亭、十里一長

亭。參見《杕杜》注〔1〕。一說,「周」為邊義。高亨《詩經今注》:「周,邊也。」一說,「周」為曲義。《毛傳》:「周,曲也。」

〔8〕遊:與「適我」同義。遊,本義為遊玩、遊逛。實指遊走求偶之事。《周南·漢廣》《召南·江有汜》《鄘風·桑中》《衞風·河廣》《衞風·有狐》《鄭風·山有扶蘇》《鄭風·揚之水》《鄭風·野有蔓草》《魏風·十畝之間》《唐風·杕杜》《陳風·衡門》《陳風·澤陂》《豳風·九罭》諸篇,皆反映了男女遊走求偶之事。《毛傳》:「遊,觀也。」毛亨以為「來遊」說的是婚戀集會遊觀之事。

【詩旨說解】

《有杕之杜》是婚戀對歌歌詞。

一個女子在道路上遊走求偶,途中見到一個貴族男子,就編唱了一支情歌向該男子表達她的求偶意願。「有杕之杜,生于道左」「有杕之杜,生于道周」——女子以道路旁孤生的棠梨樹自比,說她正孤單無偶。「彼君子兮,噬肯適我」「彼君子兮,噬肯來遊」——女子明確表示希望這個貴族男子主動地前來搭訕她。

「中心好之,曷飲食之」——男子聞歌,立即答歌作試探。

葛生

葛生蒙楚〔1〕,薟蔓于野〔2〕。
予美亡此〔3〕,誰與獨處〔4〕?

葛生蒙棘〔5〕,薟蔓于域〔6〕。
予美亡此,誰與獨息〔7〕?

角枕粲兮〔8〕,錦衾爛兮〔9〕。
予美亡此,誰與獨旦〔10〕?

夏之日〔11〕,冬之夜〔12〕。
百歲之後〔13〕,歸于其居〔14〕。

冬之夜,夏之日。
百歲之後,歸于其室〔15〕。

【注釋】

〔1〕葛生蒙楚：葛藤蒙住了小樹叢。葛，葛藤。生，生長。蒙楚，蒙住了荊樹。蒙，松蘿，又名「王女」，一種依附性植物。此歌詞的「蒙」字為動詞，蒙住之義。《說文》：「蒙，王女也。从艸，冢聲。」《段注》：「籀文作『冪』。今人蒙、冒皆用『蒙』『冒』字為之。」冪，「蒙」字的動詞形態，覆蓋。楚，灌木名，亦稱「荊」。《毛傳》：「葛生延而蒙楚。」《周南·葛藟》：「南有樛木，葛藟纍之。」

〔2〕蘞蔓于野：蘞草爬滿了荒野。蘞，多年生草本植物，葡萄科，似葛藤，夏季開花，秋季結出球形漿果，因果熟後有白、赤、紫而分為白蘞、赤蘞、烏蘞三類。蘞通殮。蘞、殮皆來母談部字。上古以葛、蘞的莖作為緘棺之物。蔓，動詞，蔓延，爬。野，荒野。此指城邑外面的野地。《毛傳》：「蘞生漫於野。」這句歌詞描述了野外墓地的荒涼。

〔3〕予美亡此：我心愛的人死後埋葬在此地。予美，我的美人。予，我。《鄭箋》：「予，我。」美，「美人」的省稱，指悼亡者心中愛著的人。《陳風·防有鵲巢》：「誰侜予美？心焉忉忉。」亡，通埋。亡，明母陽部；埋，明母之部。陽、之旁對轉。埋，掩入土中。埋，「薶」字之人俗體。《說文》：「瘞，幽薶也。」「薶，瘞也。从艸，貍聲。」《段注》：「今俗作埋。」《禮記·曲禮上》：「祭器敝則埋之，龜筴敝則埋之，牲死則埋之。」《漢書·楚元王傳》：「秦始皇帝葬於驪山之阿，……又多殺宮人，生埋工匠，計以萬數。」人死了掩埋於土中，故「埋」與「葬」義近。此，此處。指所埋葬的地點。

〔4〕誰與獨處：誰跟你這個孤獨的人在一起住？誰與，誰跟你在一起。與，在一起。獨處，一個人死後離開了社會，在荒野的墳墓中「居住」，故謂之「獨處」。這句歌詞意即「誰來陪伴你」。

〔5〕棘：野棗樹。此指低矮的灌木叢。

〔6〕域：兆域。此指墓區。《毛傳》：「域，營（塋）域也。」

〔7〕誰與獨息：誰跟你這個孤獨的人在一起歇憩！獨息，與「獨處」同義。息，「憩」字的省形，歇息、休息。參見《鄭風·狡童》注〔6〕。《毛傳》：「息，止也。」止，亦休息之義。

〔8〕角枕：用獸角作飾物的枕頭。《周禮·天官·玉府》：「大喪，共含玉、覆衣裳、角枕、角柶。」鄭玄《注》：「角枕以枕屍。」粲，鮮明耀眼。參見《鄭風·緇衣》注〔4〕。

〔9〕錦衾：用錦做的被子。《禮記‧喪大記》：「小斂，……君錦衾，大夫縞衾，士緇衾，皆一。」爛，鮮明有光彩之義。此指錦衾絢麗多彩。《楚辭‧九章‧橘頌》：「青黃雜糅，文章爛兮。」中國古代葬禮的特點是事死如生，殯殮隨葬之物皆如死者生時所用。角枕、錦衾是天子、國君殯殮所用之物。

〔10〕誰與獨旦：誰跟你這個孤獨的人一起安臥歇憩！旦，「晏」字的殘壞字形，與「處」「息」同義。聞一多《詩經通義‧乙》：「『旦』為『晏』之壞字。」晏，從日，安河聲，即晏字。《說文》：「晏，天清也。从日，安聲。」晏通安、偃。晏、安、偃皆影母元部字。安，安歇。《說文》：「安，靜也。」「靜，亭安也。」偃，本義為人仰面安臥。引申為安臥歇息之義。《廣雅‧釋言》：「偃，仰也。」《小雅‧北山》：「或息偃在床。」《墨子‧備穴》：「偃一覆一。」孫詒讓《墨子閒詁》引畢沅云：「偃，仰也。」《釋名‧釋姿容》：「偃，安也。」《小雅‧北山》：「或息偃在床。」此歌詞中「旦」為安臥之義。此句詩文依本章語氣應作「誰與獨旦兮」。

〔11〕夏之日：夏天有綿長難熬的白天。夏，夏天。參見《召南‧野有死麕》注〔3〕。日，指夏至日前後的白天。一年中夏至晝最長。

〔12〕冬之夜：冬天有綿長難熬的夜晚。冬，冬天。夜，指冬至日前後的夜晚。一年中冬至日夜最長。「夏之日，冬之夜」是說葬在墳墓中的人孤獨地「生活」著，夏天有難熬的白天，冬天有難熬的長夜。這是生者充分體恤死者之苦的說法。

〔13〕百歲之後：百年之後。這是對死亡的委婉說法。

〔14〕歸于其居：與你合葬在同一個墓室裏。歸，歸依，歸併。其居，死者的住所。指墓室。《鄭箋》：「居，墳墓也。」考古發現，春秋時期上層貴族夫妻多異穴合葬，罕有同墓室合葬的情況。這句歌詞是悼亡者表示對亡者的感情永遠不變的說法。

〔15〕其室：同「其居」。室，指死者的墓室。《毛傳》：「室，猶居也。」《鄭箋》：「室，猶冢壙。」

【詩旨說解】

《葛生》是悼亡歌歌詞。「葛生蒙楚，蘞蔓于野」——墓地上，葛藤爬上了野樹叢，蘞草爬滿了墓區。前來哀悼亡者的人，大概是一位女性。她在墓地裏觸景生情，覺得丈夫去世後自己就如藤蔓失樹一樣無依靠了。「角枕粲兮，錦衾爛兮」——悼亡者想像其亡夫在墓中仍然享受著他生前那樣奢華的生活

待遇。「予美亡此，誰與獨處？……誰與獨息？……誰與獨旦」——悼亡者想像其亡夫在墳墓裏如同在人世間一樣，白天做事，晚上一個人歇息。

由此歌詞所描述的情況來看，死者墓中有精美華貴的隨葬物品，墓中人可能是一位國君，悼亡者則是國君的夫人。

采苓

采苓采苓〔1〕，首陽之巔〔2〕。
人之為言〔3〕，苟亦無信〔4〕。
舍旃舍旃〔5〕，苟亦無然〔6〕。
人之為言，胡得焉〔7〕？

采苦采苦〔8〕，首陽之下。
人之為言，苟亦無與〔9〕。
舍旃舍旃，苟亦無然。
人之為言，胡得焉？

采葑采葑〔10〕，首陽之東。
人之為言，苟亦無從〔11〕。
舍旃舍旃，苟亦無然。
人之為言，胡得焉？

【注釋】

〔1〕采苓采苓：采苓菜呀采苓菜。采苓，採集苓菜。苓，野菜名，一名「卷耳」，一名「苓耳」。參見《周南·卷耳》注〔1〕及《邶風·簡兮》注〔14〕。

〔2〕首陽之巔：在首陽山的山頂上。首陽，山名。首陽山，山頭東向朝陽之山。《毛傳》：「首陽，山名也。」《唐風·采苓》是曲沃、翼城一帶的民間情歌，其所述「首陽山」在山西曲沃、翼城一帶。清金鶚《求古錄禮說·首陽山考》：「首陽之在平陽，可無疑矣。」金鶚所說的「平陽」，即清代乾嘉年間山西的平陽府，轄曲沃、翼城。王先謙《集疏》：「詩人所詠，即目興懷，自以平陽為合。無妨平陽自有首陽，不必果為夷齊所隱也。」一說，首陽山在今山西省永濟縣。《孔疏》：「首陽之山在河東蒲阪縣南。」馬瑞辰《通釋》：「《唐風》『首陽』為晉地之山，自在蒲阪。……晉之首陽，一名雷首，一名首山；山南曰陽，故又名首陽也。」朱守亮《詩經評釋》：「首陽，山名。在今山西永濟縣境，亦名雷

首山。」巔，山頂。《廣韻·先韻》：「巔，山頂也。」巔通顛。《玉篇·頁部》：
「顛，頂也。山頂為之顛。」《山部》：「巔，山頂也。」歌者說她走到首陽之
巔、首陽之下、首陽之東採集野菜，其實是說她在遊走求偶，並非真有到山上
山下採集野菜之實事。《鄘風·桑中》的說法與此同例。

〔3〕人之為言：那些人所編造的說辭。人，「那些人」的簡言。指到首陽山求偶的
其他女子。為言，即偽言、訛言、謊言，編造的說辭。為通偽、訛。為，匣母
歌部；偽、訛，疑母歌部。匣、疑旁紐。《說文》：「訛，訛言也。从言，為聲。
《詩》曰：『民之訛言。』」《段注》：「『訛言也』，疑當作『偽言也』。《唐風》
『人之為言』，定本作『偽言』。」《小雅·沔水》：「民之訛言。」《鄭箋》：「訛，
偽也。」《正月》：「民之訛言。」《鄭箋》：「訛，偽也。人以偽言相陷。」求偶
者為了與他人競爭婚戀對象，唱情歌時會編造一些「美麗的謊言」讓人信其
說。這是另一種「偽言」。

〔4〕苟亦無信：誠然不要以為是真實的。苟，通果，實。引申為確實、誠然。參見
《王風·君子于役》注〔2〕。《毛傳》：「苟，誠也。」段玉裁《毛詩故訓傳定
本》傳文注：「此謂『苟』即『果』之假借，雙聲假借也。」無，毋，不要。
信，誠實、真實。

〔5〕舍旃舍旃：捨棄它吧，捨棄它吧。舍旃，即捨之，丟掉它、別理會它。舍，本
義為客舍。《說文》：「舍，市居曰舍。」舍通捨。舍、捨皆審母魚部字。捨通
釋。釋，審母鐸部。魚、鐸對轉。釋，放開、放棄、丟掉。《說文》：「捨，釋
也。」「釋，解也。」旃，本義為曲柄旗。《說文》：「旃，旗曲柄也。」旃通之。
旃，照母元部；之，照母之部。元、之旁通轉。《魏風·陟岵》：「上慎旃哉！」
《毛傳》：「旃，之。」《廣雅·釋言》：「旃，之也。」之，代詞，它。《左傳·
桓公十年》：「初，虞叔有玉，虞公求旃，弗獻。」《左傳·襄公二十八年》：「天
其殃之也，其將聚而殲旃。」杜預《注》：「旃，之也。」「旃」又是「之焉」
的合音。《鄭箋》：「旃之言焉也。舍之焉，舍之焉。」王念孫《廣雅疏證·釋
言》：「旃者，『之焉』之合聲，故旃訓為『之』，又訓為『焉』。」王引之《經
傳釋詞》卷九：「旃又為『之焉』之合聲。」馬瑞辰《通釋》：「之、旃一聲之
轉，又為『之焉』之合聲。」

〔6〕無然：不要以為是那樣。即不要以為他們的說法是對的。無，毋，不。然，如
此，那樣。

〔7〕胡得焉：從那些人的謊話中能得到什麼呢？胡得，得到什麼。胡，通何，什麼。
　　得，得到。焉，通矣，語助詞。這句歌詞說，從那些誑人的話語裏，不會得到
　　有價值的信息。

〔8〕苦：野菜名，一名「荼」。《毛傳》：「苦，苦菜也。」陸璣《毛詩草木疏》：「苦
　　菜生山田及澤中，得霜甜脆而美，所謂『堇荼如飴』。」《邶風·谷風》：「誰謂
　　荼苦，其甘如薺。」「苓」「苦」「葑」對文，此三字皆為野菜名。

〔9〕無與：不要隨同其意。與，贊同，採納其意。《毛傳》：「無與，勿用也。」

〔10〕葑：野菜名，即蕪菁。《毛傳》：「葑，菜名也。」參見《邶風·谷風》注〔5〕。

〔11〕無從：同「無與」，不要順從其意。從，順從。

【詩旨說解】

　　《采苓》是婚戀情歌歌詞。一個女子在野外唱求偶情歌，招引小夥子與
她婚戀。

　　「采苓采苓」「采苦采苦」「采葑采葑」是周代女子唱情歌慣用的語言。
古代女子專職採集野菜，常常以採集野菜為名，行尋偶之實。

　　「人之為言，苟亦無信。舍旃舍旃，苟亦無然。人之為言，胡得焉？」
「人之為言，苟亦無與。舍旃舍旃，苟亦無然。人之為言，胡得焉？」「人之
為言，苟亦無從。舍旃舍旃，苟亦無然。人之為言，胡得焉？」這些都是女子
求偶的說辭。女子勸說婚戀集會現場那些求偶的男子，不要被現場上別的女
子的巧言所迷惑，請趕緊來找她談戀愛。

　　這篇歌詞以說教為主，語言質樸無華、直白而失巧。

秦　風

　　秦，周代國名。據說，秦原為東夷古國，後來「秦」這個地名隨秦族西遷
至甘肅。《說文》：「秦，伯益之後所封國。地宜禾。」《史記‧秦本紀》說，秦
之先伯益嬴姓，其後代中有個人叫中衍，中衍的玄孫中潏商朝末年「在西戎，
保西垂」。《史記》所稱商末的「西垂」，蓋在今山西省境內。中潏有子曰蜚廉。
蜚廉的長子惡來革是春秋秦國的先祖，次子季勝是春秋晉國趙氏家族的先祖。
惡來革有勇力，事紂，武王伐紂時被殺。惡來革後人中的一支西遷到甘肅，
與西戎為鄰。王先謙《詩三家義集疏》：「案，非子始封地，《漢志》云隴西秦
亭秦谷，今甘肅秦州清水縣。」《秦本紀》說：「惡來革者，蜚廉子也，蚤死。
有子曰女防。女防生旁皋，旁皋生太几，太几生大駱，大駱生非子……非子
居犬丘，好馬及畜，善養息之。犬丘人言之周孝王，孝王召使主馬於汧渭之
間，馬大蕃息。……孝王曰：『昔伯翳為舜主畜，畜多息，故有土，賜姓嬴。
今其後世亦為朕息馬，朕其分土為附庸。』邑之秦，使復續嬴氏祀，號曰秦
嬴。」嬴，上古姓。《說文》：「嬴，少昊氏之姓也。」伯益嬴姓，其姓非舜所
賜。殷末惡來革的後代中有名「非子」者，西逃，定居於「西犬丘」。周孝王
時，秦成為周朝的一個小附屬國。秦人在「汧、渭之會」為周朝養馬，逐漸興
起於甘肅東部一帶。周平王九年（公元前 762 年），秦文公徙秦邑至「汧渭之
會」。《秦本紀》：「秦嬴生秦侯。秦侯立十年，卒。生公伯。公伯立三年，卒。
生秦仲。……周宣王即位，乃以秦仲為大夫，誅西戎。西戎殺秦仲。秦仲立二
十三年，死於戎。有子五人，其長者曰莊公。……莊公居其故西犬丘。……文
公元年，居西垂宮。三年，文公以兵七百人東獵。四年，至汧、渭之會。……

即營邑之。」《今本竹書紀年》說，「（周平王）十年，秦遷於汧渭」。秦憲公二年（公元前 714 年），秦都自郿徙平陽。秦德公元年（公元前 677 年），徙都雍。《史記・秦本紀》說：秦穆公三十七年（公元前 623 年），「秦用由余謀，伐戎王，益國十二，開地千里，遂霸西戎。天子使召公過賀繆（穆）公以金鼓」。秦獻公二年（公元前 383 年），徙都櫟陽。秦孝公十二年（公元前 350 年），徙都咸陽。

秦襄公之前的秦國，在周王朝的地位一直較低。秦襄公救周有功，才被封為諸侯。《秦本紀》：「西戎犬戎與申侯伐周，殺幽王驪山下。而秦襄公將兵救周，戰甚力，有功。周避犬戎難，東徙雒邑，襄公以兵送周平王。平王封襄公為諸侯，賜之岐以西之地。」從秦襄公八年（公元前 770 年）秦襄公受封諸侯開始，到秦獻公從雍都遷徙櫟陽前的一段時間裏，秦人在隴縣的汧地、寶雞的汧渭交匯處、平陽、雍地生活達三百八十七年。據《秦本紀》記載，自秦德公元年初居雍城大鄭宮開始，一直到秦獻公二年「城櫟陽」，雍作為秦人的都城長達二百九十四年之久。雍地是春秋時期秦人的主要活動地區。秦人在「汧渭之會」創業，在雍地站住了腳跟，勵精圖治，打下了穩固的基礎。秦東遷櫟陽後，仍把雍城作為一個重要的城市，在那裡舉辦一些重大的政治活動。秦惠公、秦孝公在雍地建有蘄年宮、櫜泉宮等著名的宮殿。秦始皇嬴政在蘄年宮舉辦了加冕典禮。

《秦風》共十篇詩文，其內容主要涉及軍事、愛情、婚姻等方面。

車鄰

有車鄰鄰〔1〕，有馬白顛〔2〕。
未見君子〔3〕，寺人之令〔4〕。

阪有漆〔5〕，隰有栗〔6〕。
既見君子〔7〕，並坐鼓瑟〔8〕。
今者不樂〔9〕，逝者其耋〔10〕。

阪有桑〔11〕，隰有楊〔12〕。
既見君子，並坐鼓簧〔13〕。
今者不樂，逝者其亡〔14〕。

【注釋】

〔1〕有車鄰鄰：迎接新娘的一隊馬車響著鈴聲馳來。鄰鄰，眾多車輛行進時車鈴的
　　響聲。鄰，通轔、鈴。鄰、轔，來母真部；鈴，來母耕部。真、耕通轉。《毛
　　傳》：「鄰鄰，眾車聲也。」《魯詩》《齊詩》作「轔轔」。《魯說》：「轔轔，車聲
　　也。」《列女傳・仁智傳・衛靈夫人》引《詩》：「有車轔轔。」《文選》潘岳《籍
　　田賦》李善《注》引《毛詩》作「有車轔轔」。《說文》：「轔，車聲。」馬瑞辰
　　《通釋》：「《秦風》『有車鄰鄰』，鄰亦鈴之借字也。」古代車衡上有鸞鈴，車
　　軾上有和鈴，馬鑣上也有鸞鈴。車行時這些鈴皆有聲響。《禮記・經解》鄭玄
　　《注》引《韓詩內傳》說「鸞在衡，和在軾」，《大戴禮記・保傅》也說「在衡
　　為鸞，在軾為和」。古代貴族坐乘的車，有的車衡上有青銅鸞鳥，鳥口銜一鈴，
　　故車衡上的鈴稱作「鸞」。《世說新語・德行》：「車不停軌，鸞不輟軛。」車軛
　　與車衡是一體的，言軛即言衡。拉車之馬的鑣上，也裝有鸞鈴。《小雅・蓼蕭》：
　　「和鸞雝雝。」《毛傳》：「在軾曰和。在鑣曰鸞。」《鄭箋》：「置鸞於鑣，異於
　　乘車也。」《商頌・烈祖》：「約軝錯衡，八鸞鶬鶬。」《鄭箋》：「鸞在鑣，四馬
　　則八鸞。」《小雅・采芑》：「約軝錯衡，八鸞瑲瑲。」《大雅・烝民》：「四牡彭
　　彭，八鸞鏘鏘。」

〔2〕有馬白顛：在車隊前頭拉車的是一匹額頭上有片白毛的馬。白顛，白額。《毛
　　傳》：「白顛，的顙也。」的顙，即白額。《孔疏》：「《釋畜》云：『馬的顙，白
　　顛。』舍人曰：『的，白也。顙，額也。額有白毛，今之戴星馬也。』」《廣雅・
　　釋器》：「的，白也。」顛通頂、定，前額部。顛，端母真部；頂，端母耕部；
　　定，定母耕部。端、定旁紐。真、耕通轉。《周南・麟之趾》：「麟之定，振振
　　公姓。」《毛傳》：「定，題也。」《爾雅・釋言》：「定，題也。」題，額部。《說
　　文》：「顛，頂也。」「題，額也。」

〔3〕未見君子：未見到君子之時。君子，貴族男子。這是對貴族新郎官的稱呼。新
　　郎官乘車來秦國親迎，尚未下車，故說「未見君子」。

〔4〕寺人之令：女方的婚禮主持者已經傳來了號令。寺人，侍御宦官，閹人。《毛
　　傳》：「寺人，內小臣也。」《大雅・瞻卬》：「匪教匪誨，時維婦寺。」寺，本
　　義為手持。林義光《文源》卷十：「寺，從又從之。本義為持。又像手形。手
　　之所以為持也。之亦聲。」寺，又為中央政權官署名。《說文》：「寺，廷也；
　　有法度者也。」《廣韻・志韻》：「寺者，司也。官司之所止。」寺通侍。寺，

邪母之部；侍，禪母之部。邪、禪準雙聲。寺人即侍人，國君的近臣。《釋文》：「寺，又音侍。本或作侍字。寺人，奄人，內小臣也。」寺人通常負責諸侯國內宮的事務，有御駕、守門、傳令之分職。貴族的婚禮通常也由通曉禮儀的寺人主持辦理。之，是。令，號令。這句歌詞說，迎親的隊伍來了，新郎官尚未下車，寺人已經傳令讓樂隊做好了奏樂的準備。

〔5〕阪有漆：山上生長著漆樹。阪，山坡。指山上。《毛傳》：「陂者曰阪。」參見《鄭風·東門之墠》注〔2〕。漆，漆樹。

〔6〕隰有栗：山下生長著栗樹。隰，低地。指山下。《毛傳》：「下濕曰隰。」《說文》：「隰，阪下溼也。」栗，栗樹。「阪有……隰有……」，這種句式是婚戀情歌的常用語言。漆樹、栗樹皆是有經濟價值的樹木。此句歌詞以漆、栗比喻新郎和新娘都是有用之材。這句歌詞也如同說「你們有好男，我們有好女」，即婚姻門當戶對之意。

〔7〕既見君子：已見到君子。指迎親的新郎官下車了。

〔8〕並坐鼓瑟：樂人坐在一起加緊彈琴瑟演奏迎親樂曲。並坐，樂人二人並列安坐。鼓，動詞，擊鼓。引申為敲擊、彈奏之義。瑟，絃樂器，似琴。《說文》：「瑟，庖犧所作弦樂也。」瑟是先秦時期的主要絃樂器。此以「瑟」代指琴瑟類樂器。前來迎親的新郎官一下車，樂隊便開始演奏迎親樂曲，來烘托婚禮的熱鬧氣氛。

〔9〕今者不樂：今日如果不縱情娛樂。今者，今天。者，助詞。不樂，不進行娛樂。樂，動詞，進行娛樂。《唐風·蟋蟀》：「今我不樂，日月其除。」

〔10〕逝者其耋：隨著時間的流逝，我們將會變老。逝者，往者、至者。指時光。逝，往、至。《說文》：「逝，往也。」者，語助詞。俞樾《群經平議·毛詩二》：「『逝者』對『今者』言，『今者』謂此日，『逝者』謂他日也。逝，往也，猶言過此以往也。」他日，指以後的日子。《論語·子罕》：「子在川上曰：『逝者如斯夫！不舍晝夜。』」其，代詞，代指參加婚禮儀式的所有在場人。耋，年老。古稱七十、八十歲的年紀為「耋」。《毛傳》：「耋，老也。八十曰耋。」《說文》：「耋，年八十曰耋。」耋，同耋。此歌詞的「耋」為動詞，變老之義。

〔11〕阪有桑：山上生長著桑樹。桑，桑樹。

〔12〕隰有楊：山下生長著楊樹。楊，楊樹。《小雅·南山有臺》：「南山有桑，北山有楊。」晉崔豹《古今注·草木》：「白楊葉圓，青楊葉長。……柊楊圓葉弱蒂，

微風大搖。……赤楊，霜降則葉赤，材理亦赤。」楊樹的品種較多，此歌詞的「楊」難以確指其為何種楊樹。桑樹、楊樹皆是葉茂之樹。此歌詞以葉茂之樹比喻年華正茂的一對新婚男女。

〔13〕簧：笙、竽類樂器。此種樂器有振動發聲的簧片，故稱為「簧」。《毛傳》：「簧，笙也。」毛說義狹。

〔14〕逝者其亡：隨著時光的流逝，我們娛樂的機會將越來越少。亡，通無、沒。參見《邶風·綠衣》注〔6〕。此歌詞的「亡」指行樂之事將無。

【詩旨說解】

《車鄰》是婚禮樂歌歌詞。秦國上層貴族嫁女，樂隊演唱樂歌，歡迎前來秦國迎親的異國新郎官。

「阪有漆，隰有栗」「阪有桑，隰有楊」是典型的情歌語言。用它作為婚禮樂歌的引首語，起著渲染婚姻主題的作用。

「既見君子，並坐鼓瑟。今者不樂，逝者其耋」「既見君子，並坐鼓簧。今者不樂，逝者其亡」，這些歌詞激情昂揚，具有鼓勵樂人積極演奏的作用。

這首婚禮樂歌調子歡快，激情昂揚，氣氛熱烈。它反映了秦國人樂觀的精神風貌和放達的生活態度。

駟驖

駟驖孔阜〔1〕，六轡在手〔2〕。
公之媚子〔3〕，從公于狩〔4〕。

奉時辰牡〔5〕，辰牡孔碩〔6〕。
公曰左之〔7〕，舍拔則獲〔8〕。

遊于北園〔9〕，四馬既閑〔10〕。
輶車鸞鑣〔11〕，載獫歇驕〔12〕。

【注釋】

〔1〕駟驖孔阜：四匹拉車的鐵色馬個頭肥大。駟驖，一套車上的四匹鐵色的馬。駟、驖，《齊詩》《魯詩》《韓詩》分別作「四」「載」。載，字亦作「戴」。駟，一套車上的四匹馬。驖，馬色赤黑如鐵。驖以載為聲，有鐵色義。《毛傳》：「驖，驪。」《說文》：「驖，馬赤黑色。」「驪，馬深黑色。」《玉篇·馬部》：「驖，馬赤黑色。」《禮記·月令》：「孟冬之月，……天子……乘玄路，駕鐵驪。」

鄭玄《注》:「鐵驪,色如鐵。」春秋時期鐵器是常用之物。秦國鐵器多而美,
故秦人常以鐵色形容馬色。孔,副詞,很。參見《周南‧汝墳》注〔11〕。阜,
通肥。阜,並母幽部;肥,並母微部。幽、微旁通轉。《韓說》:「阜,肥也。」
《孔疏》:「馬甚肥大也。」《玉篇‧阜部》:「阜,肥也。」此歌詞的「阜」字
指馬個頭肥大。《毛傳》:「阜,大也。」

〔2〕六轡在手:御者將六條馬轡繩攥在手裏。六轡,六條馬轡繩。一車配四匹馬,
兩匹服馬,兩匹驂馬,每匹馬內外各有一根轡繩,共八轡。其中兩服馬內側的
轡繩繫於車軾前的觼(爪形銅器)上,不經常使用,御者手中共攏有六轡。《鄭
箋》:「四馬六轡。」《孔疏》:「每馬有二轡,四匹馬當八轡矣。諸文皆言六轡
者,以驂馬內轡納之於觖(觼),故在手者唯六轡耳。」孔說驂馬內轡納於觼,
誤。考古發現,秦陵銅車馬為服馬內轡納於觼。

〔3〕公之媚子:國君所寵愛的公子們。公,國君。王朝的主要輔政大臣太師、太傅、
太保為三公。大國之君中,有的國君位列王朝公卿,故稱「公」。本國人稱國
君為「公」,是習慣上的諛敬之稱。媚子,國君所寵愛的男子們。媚,喜愛。
《說文》:「媚,說(悅)也。」《大雅‧思齊》:「思媚周姜。」《毛傳》「媚,
愛也。」子,貴族子弟。此既指國君的兒子,又兼指其他貴族子弟。那些跟隨
國君左右的人,都是國君所寵愛的人。

〔4〕從公于狩:都跟隨國君參加這次狩獵活動。從,跟隨。于狩,參加打獵活動。
《毛傳》:「冬獵曰狩。」

〔5〕奉時辰牡:虞人從苑囿中驅趕出來未成年的母獸和公獸,供國君獵殺。奉,恭
敬地提供。時,通是。時,禪母之部;是,禪母支部。之、支旁轉。是,此、
這些。《毛傳》:「時,是。」王引之《經傳釋詞》卷九「《爾雅》曰『時,是也』」
黃侃批語:「時、實皆『是』之借。」辰牡,即震牡、牝牡。辰,震的假借字。
辰、震皆禪母文部字。震,母麛。《爾雅‧釋獸》:「麛:牡,麚;牝,震。」
《說文》:「震,牝麛也。」「牡,畜父也。」牡,公獸。牝,母獸。此歌詞中
「辰」字僅有牝義,指母獸。秦國國君組織了一場小規模的打獵活動,獵場就
在秦國的苑囿「北園」內。虞人釋放出林苑里豢養的未成年的野獸,供國君射
獵。參見《召南‧騶虞》注〔2〕〔6〕。一說,「辰」為時辰之義。《鄭箋》:「奉
是時牡者,謂虞人也。」

〔6〕碩:肥大厚實。《左傳‧桓公六年》:「聖王先成民而後致力於神。故奉牲以告
曰『博碩肥腯』。」

〔7〕公曰左之：國君命令駕車人說：「我要向目標獸身體的左邊射箭。」曰，說。左之，向目標獸身體的左邊射箭。周人有尚右的習俗，秦人亦如之。為表示對祖先的尊敬，射殺禽獸用於祭祀，要保證禽獸的右半部完好，於是便從禽獸的左體射殺之。《鄭箋》：「左之者，從禽之左射之也。」《小雅・車攻》：「徒御不驚，大庖不盈。」《毛傳》：「故自左膘而射之，達于右腢，為上殺，射右耳本，次之；射左髀，達于右䯚，為下殺。面傷不獻，踐毛不獻，不成禽不獻。」《儀禮・少牢饋食禮》：「司馬升羊右胖（半），……司士升豕右胖，……上利升羊，載右胖。」鄭玄《注》：「上右胖，周所貴也。」《周禮・地官・保氏》：「養國子以道，乃教之六藝：一曰五禮，二曰六樂，三曰五射，四曰五馭，五曰六書，六曰九數。」鄭玄《注》：「五馭：鳴和鸞、逐水曲、過君表、舞交衢、逐禽左。」賈公彥《疏》：「云『逐禽左』者，謂御驅逆之車，逆驅禽獸使左，當人君以射之，人君自左射。故《毛傳》云：『故自左膘而射之，達于右腢，為上殺。』」秦國國君打獵時，高聲指示他的御者注意驅車的方向，並要求助手們與他密切配合，動作諧調一致，以便他準確地射中野獸的左體。

〔8〕舍拔則獲：一放箭就射中了獵物。舍拔，手放開所箝引的箭尾部。舍，通捨，放開。參見《唐風・采苓》注〔5〕。拔，箭桿的尾部。《毛傳》：「拔，矢末也。」《鄭箋》：「拔，括也。」段玉裁《毛詩故訓傳定本》傳文注：「謂矢栝。」栝，箭末端，與弦接觸。拔通跋。拔、跋皆並母月部字。跋，本義為腳。引申為物體的跟部之義。《小爾雅・廣言》：「跋，本也。」《字彙・酉集・足部》：「跋，足也，本也。」《篇海類編・身體類・足部》：「足後為跋。」則，即，就。獲，得到獵物。《說文》：「獲，獵所獲也。」參見《邶風・綠衣》注〔13〕。這句歌詞讚美秦公的箭法好，野獸應弦聲而倒下。《鄭箋》：「『舍拔則獲』言公善射。」

〔9〕遊于北園：在北苑里打獵之後又遊樂了一番。遊，遊樂。北園，秦國雍都之北的一個苑囿。園，本義為種植果樹、蔬菜的地方。園通苑。園，匣母元部；苑，影母元部。匣、影鄰紐。苑，皇家養禽獸的地方。《說文》：「苑，所以養禽獸也。」周平王封秦襄公為諸侯，秦始建苑囿。

〔10〕四馬既閑：四匹鐵色的馬拉著車跑起來安嫻自如。四馬，即前文所說的「駟驖」。既閑，已嫻。指習慣於拉車。閑，本義為柵欄。《說文》：「閑，闌也。」閑通嫻。閑、嫻皆匣母元部字。嫻，熟悉、習慣於某事。《毛傳》：「閑，習也。」《史記・屈原傳》：「博聞強志，明於治亂，嫻於辭令。」

〔11〕輶車鑾鑣：馬車輕快鑾鈴響。輶車，輕便的小型車輛。《毛傳》：「輶，輕也。」
《鄭箋》：「輕車，驅逆之車也。」《爾雅·釋言》：「輶，輕也。」《說文》：「輶，
輕車也。」打獵時使用小型車輛，便於迅速地追逐野獸。鑾鑣，飾有鑾鈴的鑣。
鑾，又作「鸞」。《說文》：「鸞，人君乘車，四馬鑣，八鸞鈴，象鸞鳥聲。」鑣，
又名「鑣」，馬口所銜橫鐵（馬嚼子）端頭的金屬部件，起防止馬銜從馬口中
滑脫的作用。《爾雅·釋器》：「鑣謂之鑣。」郭璞《注》：「馬勒旁鐵。」《釋名
·釋車》：「鑣，苞也。在旁所以苞斂其口也。」《玉篇·金部》：「鑣，鑣也。」
鑾鈴配置在鑣上，故謂之「鑾鑣」。《鄭箋》：「置鑾於鑣，異於乘車也。」鄭玄
認為坐乘之車與立乘之車所佩鑾鈴的位置有在衡、在鑣的區別。《小雅·蓼蕭》：
「和鑾雝雝。」《毛傳》：「在軾曰和，在鑣曰鑾。」《小雅·采芑》：「約軝錯衡，
八鑾瑲瑲。」《大雅·烝民》：「四牡彭彭，八鑾鏘鏘。」《大雅·韓奕》：「百兩
彭彭，八鑾鏘鏘。」《商頌·烈祖》：「約軝錯衡，八鑾鶬鶬。」《鄭箋》：「鑾在
鑣，四馬則八鑾。」一車有四馬，一馬有二鑣二鑾鈴，故四馬有八鑾鈴。《說
苑·談叢》也說：「鑾設於鑣，和設於軾。」凡鑾在鑣，四馬皆為八隻鑾鈴，
在衡者非八隻鑾鈴。

〔12〕載獫歇驕：車上還載著長嘴巴和短嘴巴的獵狗。載，用車載運。《說文》：「載，
乘也。从車，弌聲。」獫，長嘴巴的獵狗。歇驕，即猲獢，短嘴獵犬。驕，通
獢。驕，見母宵部；獢，曉母宵部。見、曉旁紐。《魯詩》《齊詩》作「猲獢」。
《毛傳》：「獫、歇驕，田犬也。長喙曰獫，短喙曰歇驕。」段玉裁《毛詩故訓
傳定本》傳文注：「歇驕，即猲獢之假借。」《爾雅·釋獸》：「長喙，獫；短喙，
猲獢。」郭璞《注》引《詩》：「載獫猲獢。」《說文》：「猲，短喙犬也。从犬，
曷聲。《詩》曰：『載獫猲獢。』」秦君打獵，車上還載著兩條心愛的獵犬。

【詩旨說解】

　　《駟驖》是秦君打獵凱旋後慶功宴享樂歌的歌詞。這篇歌詞讚美秦君狩
獵活動的內容豐富、安排妥善、結局圓滿。

　　第一章，敘述了秦君帶領一個小陣容的狩獵隊伍前往獵場——秦國都城
之北的苑囿打獵的情形。隨從打獵的一群公子哥兒們，都是秦君的親信。他
們意氣昂揚，興致勃發，一同跟隨秦君前往獵場打獵。此章是讚美秦君打獵
活動的氛圍融洽和諧。

　　第二章，敘述了秦君狩獵實戰階段的情形。虞官為國君精心安排好了獵
場和獵物，並及時釋放出備獵的小禽獸，供秦君一班人射殺。秦君與車御配

合默契，「舍拔則獲」。此章稱讚虞官盡職，狩獵活動安排得妥善；又稱讚秦君打獵指揮得當，技藝嫻熟。

　　第三章，敘述了秦君狩獵收場之後，載著心愛的獵犬快樂地暢遊北苑的情形。此章讚美秦君此次狩獵活動結局圓滿。

小戎

小戎俴收〔1〕，五楘梁輈〔2〕。
游環脅驅〔3〕，陰靷鋈續〔4〕。
文茵暢轂〔5〕，駕我騏馵〔6〕。
言念君子〔7〕，溫其如玉〔8〕。
在其板屋〔9〕，亂我心曲〔10〕。

四牡孔阜〔11〕，六轡在手〔12〕。
騏駵是中〔13〕，騧驪是驂〔14〕。
龍盾之合〔15〕，鋈以觼軜〔16〕。
言念君子，溫其在邑〔17〕。
方何為期〔18〕？胡然我念之〔19〕？

俴駟孔群〔20〕，厹矛鋈錞〔21〕。
蒙伐有苑〔22〕，虎韔鏤膺〔23〕。
交韔二弓〔24〕，竹閉緄縢〔25〕。
言念君子，載寢載興〔26〕。
厭厭良人〔27〕，秩秩德音〔28〕。

【注釋】

〔1〕小戎俴收：輕型戰車淺車箱。小戎，輕型戰車。戰車又稱「兵車」「戎車」。戎，「戎路（輅）」的省稱，泛指戰車。大型戰車稱「元戎」，小型戰車稱「小戎」。《毛傳》：「小戎，兵車也。」《鄭箋》：「此群臣之兵車，故曰小戎。」《國語・齊語・管仲對桓公以霸術》：「五家為軌，故五人為伍，軌長帥之；十軌為里，故五十人為小戎，里有司帥之。」韋昭《注》：「小戎，兵車也。此有司之所乘，故曰小戎。詩云：『小戎俴收。』古者戎車一乘，步卒七十二人。今齊五十人。」齊國與秦國的「小戎」或有不同。俴收，淺車廂。俴，通淺。俴，從母元部；淺，清母元部。從、清旁紐。收，車箱後面起攔擋作用的橫木。《毛傳》：「俴，

淺。收,軫也。」《爾雅·釋言》:「俴,淺也。」《說文》:「軫,車後橫木也。」
《周禮·考工記》:「車軫四尺。」鄭玄《注》:「軫,輿後橫木。」軫通枕。軫,
照母文部;枕,照母侵部。文、侵通轉。枕,枕木,即車箱底部四周的橫木。
林義光《詩經通解》:「收,毛云『軫也』。戴侗云:『軫,輿下四面木框合成輿
者。』按軫有四面,其深淺就前至後軫之距離言之。左右軫之距離為車之廣,
前後之距離為車之深。《考工記·輿人》云:『三分車廣,去一以為隧。』車廣
六尺六寸,今去其三分之一,得四尺四寸。鄭眾云:『隧謂車輿深也。』鄭玄
謂隧讀如邃。此詩戎車之隧較大車為淺,故云『淺收』。」

〔2〕五楘梁輈:即「梁輈五楘」,高高翹起的輈,輈與衡、衡與軛的結合部位,用
皮條交錯纏繞成精緻的花紋。五楘,即互楘。五,甲骨文、古文作「乂」,象
線繩交叉纏繞之形,本義為交互、交午。《說文》:「乂,古文五省。」《集韻·
姥韻》:「五,古作区、乂。」《召南·羔羊》:「素絲五紽。」《齊風·南山》:
「葛屨五兩。」楘」,鞪、幦的異體字。鞪,車上起裝飾作用的皮束。「幦」字
從巾,說明楘原來是用整塊的皮料做成的。為了美觀,有的楘做成了轆轤狀。
《毛傳》:「楘,歷錄也。」段注《說文》:「楘,車歷錄。束紋也。」歷錄,是
「轆轤」(轤轆)的轉語,本指線繩如轆轤上的汲水繩作纏繞狀,借指車上以
皮繩纏繞成的飾物。轆轤,汲水器具,轉動其軸卷繩子以汲水。車上用皮繩纏
繞出來的花紋,如轆轤上纏繞的繩子一般,故俗亦稱之為「歷錄」。車上的歷
錄對車子既有裝飾作用,又有保護作用。古代將軍戰車的輈、衡上皆有鞪,用
皮條編成花紋的鞪才叫作「五楘」。一說,鞪在輈上。《玉篇·革部》:「鞪,曲
輈束也。亦作楘。」一說,「五楘」的「五」是數目字。《毛傳》:「五,五束也。」
《說文》「弓」字《段注》:「以韋束物。如輈五束,衡三束之類。」梁輈,高
懸著衡的輈。因拉戰車的馬體形壯碩高大,故有梁輈。梁,指高懸於輈頂端的
車衡。梁,本義為橋樑,水道上所懸的橫木。此僅指高懸的橫木。輈,曲轅。
《說文》:「輈,轅也。」輈通句,彎曲之義。《釋名·釋車》:「輈,句也。轅
上句也。」《小爾雅·廣器》:「轅謂之舟。」春秋時期的戰車為獨轅,稱為「輈」。
輈的前部是圓體,後部是方體,輈從車底伸出後成圓體句曲著向前上方伸出,
輈前端部位裝有車衡。輈後部的方體,居於車箱底部的中間,壓在車軸上。秦
國將軍的「小戎」,其輈和衡上皆有精美的楘作裝飾。總之,這句歌詞是描述
秦國將軍所乘的輕型戰車工藝精美。一說,輈上有曲衡為梁輈。《毛傳》:「梁
輈,輈上句衡也。」《孔疏》:「梁輈,輈上曲句衡。衡者,軶也。轅從軫以前,

稍曲而上至衡，則居衡之上而鄉下句之，衡則橫居輈下，如屋之梁然，故謂之梁輈也。」《毛傳》「句」字後蓋遺漏一「著」字。由於有此漏字，導致了孔穎達對車衡形狀的誤解。1980 年在秦始皇陵西側考古發掘出的秦陵銅車馬，其車衡置於輈上而非輈下，車衡不曲，輈前部上曲，輈的頂端無曲鉤；車衡與車軛非一物，軛在衡下，與衡相連。

〔3〕游環脅驅：驂馬背上有一個可游動的皮環，服馬腹部有防止驂馬往內擠靠的脅驅。游環，驂馬背上可游動的皮環。從驂馬背上的靷繩上引出一截皮帶，皮帶的端頭有一個小皮環，驂馬的外轡從此環中穿過。此皮環起防止驂馬外轡游移的作用。《毛傳》：「游環，靳環也。游在背上，所以御出也。」《鄭箋》：「游環在背上，無常處，貫驂之外轡，以禁其出。」《孔疏》引沈重云：「靳者，言無常處，游在驂馬背上，以驂馬外轡貫之，以止驂之出。」又曰：「游環者，以環貫靷，游在背上，故謂之靷環；貫兩驂馬之外轡，引轡為環所束，驂馬欲出，此環率之，故所以御出也。」《釋名・釋車》：「游環，在服馬背上，驂馬之外轡貫。游移前卻無常處也。」游環的作用不是「禁出」，轡、內轡才起禁驂馬外逸的作用。1980 年出土的秦陵銅車馬，車、馬、輓具、御者俱全，清楚地顯示了秦車馬的繫駕關係。毛、鄭、孔所言車馬的繫駕關係與出土的秦車馬繫駕之制有一定的出入。脅驅，防止驂馬擠靠服馬的一種金屬駕具。《毛傳》：「脅驅，慎駕具。所以止入也。」《鄭箋》：「脅驅者，著服馬之外脅，以止驂之入。」《釋名・釋車》：「脅驅，在服馬外脅也。」毛、鄭皆未說明「脅驅」的具體樣式。考古人員 1980 年在秦陵西側的車馬坑發現了脅驅實物。脅驅作餅形，銅質，銅餅中部有一個錐刺。脅驅固定於服馬腹部外側當脅位置的革帶上，錐刺向外伸著，防止驂馬向內擠靠。一說，「脅驅」是一條防止驂馬內擠的長皮帶。孔穎達《疏》：「『脅驅』者，以一條皮上繫於衡，後繫於軫，當服馬之脅，愛慎乘駕之具也。驂馬欲入，則此皮約之，所以止入也。」這完全是臆說。此句歌詞誇讚將軍的戰車駕具完備。

〔4〕陰靷鋈續：連接靷繩與續靷的白銅環閃閃發亮。陰靷，靷繩在車箱下的那一段大粗繩。于省吾《澤螺居詩經新證》：「靷出自車下，故曰陰靷。」陰，車箱下背光，為陰處。靷，馬牽引戰車前進的繩子。《毛傳》：「靷，所以引也。」《孔疏》：「靷，所以引車也。」一說，「陰」通揜，「陰靷」即揜靷，指軓前的靷繩。《毛傳》：「陰，揜軓也。」軓，車前軾下的揜板。《說文》：「軓，車軾前也。從車，凡聲。《周禮》曰：『車當前軓。』」《段注》：「戴先生云：『車

旁曰輢，式前曰軹，皆揜輿版也。軹以揜式前，故漢人亦呼曰揜軹，《詩》謂之陰。』鋈續，連接陰靷和續靷的金屬環。《鄭箋》：「鋈續，白金飾續靷之環。」鋈，從沃從金，會意字，動詞，本義為澆鍍。此歌詞中「鋈」是形容詞，作定語，意思是「澆鍍了白銅的」。《孔疏》：「白金不名鋈。言鋈者，謂銷白金以灌鋈靷環，非訓『鋈』為白金也。金銀銅錫總名為金。此說兵車之飾，或是白銅、白鐵，未必皆白銀也。」《釋名‧釋車》：「鋈，沃也。冶白金以沃灌靷環也。」古之所謂「白金」，其實是一種銅鎳合金，呈白色，古稱作「白銅」。一說，「鋈」為名詞。《毛傳》：「鋈，白金也。」《說文》：「鋈，白金也。」《廣雅‧釋器》：「白銅謂之鋈。」毛享、許慎皆以名詞解之，非是。續，本為動詞，連接。《說文》：「續，連也。」《爾雅‧釋詁》：「續，繼也。」此歌詞中「續」為名詞，指服馬陰靷與續靷相接續的金屬環。《毛傳》：「續，續靷也。」《釋名‧釋車》：「續，續靷端也。」兩服馬的靷繩從陰靷的環上引出，稱為「續靷」。陰靷的末端固定在車軸正中間的位置，陰靷的前端伸出車箱前，有一個金屬環把陰靷與兩服馬的靷繩連接起來。兩服馬的靷繩前端繫於軛內側的軥上，其後端與陰靷相連接。驂馬的靷繩，其後端繫於車底下橫木桄的前部，從車下穿過車前軫上的弔環，與驂馬前膀的靷相聯結。戰車前進主要靠驂馬的靷繩承受拉力，軸主要起穩定戰車的作用。若驂馬的兩靷斷了，則戰車不能正常前進。《左傳‧哀公二年》：「我兩靷將絕。」孔穎達《疏》：「古之駕四馬者，服馬夾轅，其頸負軛，兩驂在旁，挽靷助之。」秦國戰車上的部件十分講究，連接服馬陰靷與續靷的金屬環鍍了白銅，稱為「鋈續」。在先秦時期，鍍白銅是一種高級金工工藝。此句歌詞誇讚將軍戰車的靷繩精美。

〔5〕文茵暢轂：虎皮坐墊長車軸。文茵，有花紋的車墊子。此物多為刺繡品，也有用虎皮或豹皮製作的。先秦的戰車立乘，高級軍官的戰車才配備「文茵」，行軍時可以坐乘。《毛傳》：「文茵，虎皮也。」《韓說》：「文茵，虎蓐。」《釋名‧釋車》：「文鞇，車中所坐者也。用虎皮，有文采。鞇，因也。」文，花紋、文采。茵，本作「因」或「鞇」，坐墊子。因，甲骨文字作「囚」；古文作「丙」「囟」。因，「茵」字的初文，象茵席有紋之形，本義為竹席，為坐臥墊藉之物。《廣雅‧釋器》：「丙，席也。」唐蘭《古文字學導論‧象形文字》：「囚，象茵形。舊釋席誤。按是茵字。」《說文》：「因，就也。从口、大。」朱駿聲《說文通訓定聲‧坤部》：「按，口、大俱非誼。江氏永曰：『象茵褥之形，中象縫

線紋理。』按即茵之古文。江說是也。」暢轂，即長轂。暢通長。暢，透母陽部；長，定母陽部。透、定旁紐。《毛傳》：「暢轂，長轂也。」段玉裁《毛詩故訓傳定本》傳文注：「《廣雅》曰：『暘，長也。』字作暘。」暘，透母陽部，亦通長。轂，車輪中心的鼓形木，內有圓孔以安裝車軸，外有槽口以安裝輻條。《古今韻會舉要》卷二十五：「暢轂，長轂也。兵車之轂比大車之轂為長。」長轂車輪堅固耐用，起增強戰車穩定性的作用，乘坐安穩。《考工記》：「短轂則利，長轂則安。」暢轂，《阜詩》作「象暢」。象，亦通長。

〔6〕駕我騏馵：再套上我們的青黑色花紋的馬和花腳的馬。駕，動詞，套馬駕車。我，我們的。騏，身上有青黑色紋的馬。《毛傳》：「騏，騏文也。」騏通綦。騏、綦皆群母之部字。《孔疏》：「色之青黑者名為綦，馬名為騏，知其色作綦文。」《說文》：「騏，馬青驪，文如博棊也。」騏，馬有綦色花紋，但未必「文如博棊也」。馵，左後腳白的馬。《毛傳》：「左足白曰馵。」《爾雅·釋畜》：「後右足白，驤。左白，馵。驔馬白腹，騏。驪馬白跨，驈。」《說文》：「馵，馬後左足白也。」有奇異花紋、足色特異的馬配給高級軍官使用。「君子」或偏愛花色馬。

〔7〕言念君子：我心中思念著「君子」。言，語助詞。念，思念，想念。君子，貴族男子。這是歌者稱其丈夫。

〔8〕溫其如玉：他的性情溫雅，面色白淨如玉。溫，性情溫和。《鄭箋》：「君子之性，溫然如玉。」春秋時期，「溫」已成為表述人格修養的一個概念。貴族要求其男子有此種修養。《邶風·燕燕》：「終溫且惠，淑慎其身。」《小雅·賓之初筵》：「賓之初筵，溫聞其恭。」《大雅·抑》：「溫溫恭人，惟德之基。」《商頌·那》：「溫恭朝夕，執事有恪。」《論語·學而》：「夫子溫、良、恭、儉、讓以得之。」《述而》：「子溫而厲，威而不猛，恭而安。」《季氏》：「色思溫。」其，語助詞。如玉，面色白淨如玉。

〔9〕在其板屋：居住在西戎地區的板屋裏。板屋，用木板搭成的房子。春秋時期西戎的民房多為板屋。《毛傳》：「西戎板屋。」《齊說》：「民以板為室屋。」《漢書·地理志》：「天水、隴西，山多林木，民以板為室屋……故秦《詩》曰：『在其板屋。』」「板屋」代指西戎地區。春秋時期西戎族居於甘肅一帶。秦國自秦仲起，一直為周王朝承擔防禦西戎的任務，屢次出兵攻打西戎，其軍隊長期駐紮在與西戎交界地區。秦穆公時，秦國稱霸西戎。歌者的丈夫大約在秦國穆、康之世擔任駐西戎地區的秦軍主將。

〔10〕亂我心曲：遠方的人呀你擾亂了我的心境。亂，擾亂。我，歌者自稱。心曲，
內心深處。曲，曲折，隱幽。《鄭箋》：「心曲，心之委曲也。憂則心亂也。」

〔11〕四牡孔阜：四匹公馬個頭肥壯。牡，公馬。孔，很。阜，肥壯。參見《駟驖》
注〔1〕。

〔12〕六轡在手：六根轡繩緊握在御者手中。六轡，參見《駟驖》注〔2〕。王夫之《詩
經稗疏·秦風》：「《大戴禮》曰：『六官以為轡，司會均入以為軜。』夫以六轡
比六官，則轡止於六而無八。」林義光《詩經通解》：「古金文轡字作𤲪（公貿
鼎），象六轡形。中𢆶象兩服馬之轡，旁𢆶象兩驂馬之轡，王氏《稗疏》之說
確不可易矣。」胡承珙、俞樾皆以孔穎達《毛詩正義》的「八轡」說為是，而
以王夫之《詩經稗疏》的「六轡」說為非。今以考古發掘的秦陵銅車馬八轡為
據，知孔穎達《正義》「八轡」說不誤。御者抓在手中六轡，其餘二轡置於軜
軜。

〔13〕騏駵是中：騏駵在中間作服馬。駵，「騮」字的異體字，赤身黑鬣黑尾的馬。
《鄭箋》：「赤身黑鬣曰駵。」段校《說文》：「駵，赤馬黑髦尾。」《玉篇·馬
部》：「駵，赤馬黑鬣。」是，通在。是，禪母支部；在，從母之部。禪、從鄰
紐，支、之旁轉。一說，「是」通則。吳昌瑩《經詞衍釋》卷九：「是，猶則也。
《詩》：『騏駵是中，騧驪是驂。中，中間。指兩服馬的位置。《鄭箋》：「中，
中服也。」四馬拉一輛車，兩匹服馬在中間，兩匹驂馬在兩邊。

〔14〕騧驪是驂：騧驪在服馬兩邊的位置作驂馬。騧，黑嘴的黃馬。《毛傳》：「黃馬
黑喙曰騧。」《說文》：「騧，黃馬，黑喙。」驪，青黑色的馬。《說文》：「驪，
馬深黑色。」《魯頌·駉》：「有驪有黃。」驂，驂馬，在服馬外邊。

〔15〕龍盾之合：繪有夔龍圖案的兩塊盾牌合在一起置於車上。龍盾，繪有夔龍圖案
的盾牌。《毛傳》：「龍盾，畫龍其盾也。」湖北荊門包山2號戰國楚墓出土了
龍鳳紋彩繪圖案的漆盾。之，語助詞。合，扣在一起。戰車上備有兩塊盾牌，
平時兩個盾牌合在一起納入槖中。《毛傳》：「合，合而載之。」朱熹《集傳》：
「畫龍於盾，合而載之，以為車上之衛。必載二者，備破毀也。」

〔16〕鋈以觼軜：戰車上的觼軜也鍍了白銅。觼軜，戰車上納轡的部件。出土的秦陵
銅車上有一個金屬的爪形器部件，就是觼軜。爪形器有四根齒，兩個長齒居
中，向下插入軾上的孔中；兩個短齒居外，像手指一樣向下叉開，形成納轡的
缺口。爪形器上部用金屬將四根齒包攏在一起。兩服馬內轡的後端頭為皮環，
觼軜的長齒條分別貫穿於皮環中，固定在軾前。車輛暫停時，御者可方便地將

其手中的六轡分兩組納入爪形器，不使其滑落，然後騰出手來做別的事情。觼通缺。觼，見母質部；缺，溪母月部。見、溪旁紐，質、月旁轉。軜通納。軜、納，泥母緝部。《毛傳》：「軜，驂內轡也。」「驂」字前或闕「納」字。毛說誤。《鄭箋》：「軜繫於軾前。」爪形器上兩個短齒形成了納轡的缺口，故謂之「觼（缺）」，又因能使六轡納入其中，故又謂之「軜（納）」，復稱「觼軜」。觼軜用白銅澆鍍，非常精美。《鄭箋》：「鋈以觼軜，軜之觼以白金為飾也。」「軜之觼」費解，「之」字蓋是衍文。《說文》：「軜，驂馬內轡繫於軾前者。」若軜為驂馬內轡，則「鋈以觼軜」就無法講通了。

〔17〕溫其在邑：他溫和地在西戎地區供職。溫，性格溫和，有寬容精神。邑，指西戎地區的城邑。《毛傳》：「在敵邑也。」秦軍曾一度控制了西戎的部分地區，佔領了一些城邑，並長期駐紮在那裡。

〔18〕方何為期：即「何方為期」，到什麼時候才是他的歸期？方，通甫、將，始、將之義。參見《邶風‧簡兮》注〔2〕。何，什麼時間。為期，是歸還之期。為，是。參《豳風‧七月》注〔49〕。期，服役還歸的日期。期，本義為約定的會見日期。《說文》：「期，會也。」《段注》：「期者，要約之義。」參見《鄘風‧桑中》注〔5〕。此歌詞的「期」指服役者還家與家人相會的日期。《鄭箋》：「方今以何時為還期乎？」周代的服役期限一般為一年。如《左傳》「瓜時而往，及瓜而代」這類說法，就是周代習慣上實行的一年服役期制度的反映。秦國未必以一年為一個服役期。

〔19〕胡然我念之：為什麼讓我這樣地思念他？胡然，為何，為什麼這樣，是什麼原因讓我這樣。《鄘風‧君子偕老》：「胡然而天也，胡然而帝也。」念，思念。之，他。

〔20〕俴駟孔群：牽拉戰車的四匹帶甲的馬跑起來很協調。俴駟，一套車上四匹帶介甲的馬。《毛傳》：「俴駟，四介馬也。」介，甲骨文字象人身上穿鎧甲之形，本義人身上的鎧甲。借指馬身上的鎧甲。參見《鄭風‧清人》注〔2〕。俴通淺。淺，淺薄，指以薄金絲為介甲的聯結線。《鄭箋》：「俴，淺也，謂以薄金為介之札。介，甲也。」《孔疏》：「俴訓為淺。駟是四馬。是用淺薄之金，以為駟馬之甲，故知『淺駟，四介馬也』。成二年《左傳》說齊侯與晉戰云：『不介馬而馳之。』是戰馬皆披甲也。……《箋》申明『俴駟』為四介馬之意，以馬無深淺之量，而謂之俴駟，正謂以淺薄之金為甲之札。金厚則重，知其薄也。」一說，「俴駟」是四匹馬以薄金為甲。朱熹《集傳》：「駟馬皆以淺薄之金為甲，

欲其輕而易於馬之旋習也。」毛亨只言「介馬」，鄭玄、孔穎達謂「俴」乃是
以薄細金絲作為甲片之間的聯結線，皆不言甲薄。甲薄則不足以抵擋箭鏃。《鄭
風・清人》：「駟介旁旁。」由「旁旁」之聲知鄭國的馬介不薄。一說，四匹不
披甲的馬稱為「俴駟」。《釋文》引《韓詩》曰：「駟馬不著甲曰俴駟。」秦軍
主將戰車上所配的馬不大可能無介甲。或者，「俴」謂馬毛色淺。但謂馬毛色
淺，非讚語，亦不可取。孔群，很合群。孔，很。《毛傳》：「孔，甚也。」群，
形容詞，合群。《鄭箋》：「甚群者，言和調也。」

〔21〕厹矛鋈錞：車上曲矛的柄端也安裝了鍍白銅的金屬套。厹矛，三棱矛。《毛傳》：
「厹，三隅矛也。」《孔疏》：「厹，矛三隅，矛刃有三角。」三隅矛，即三棱
矛。此厹矛或作旗竿用。鋈錞，鍍白銅的錞。錞，又作「鐏」「鐓」，矛柄底端
的金屬套。《毛傳》：「鐏，鐓也。」《說文》：「鐓，柲下銅也。」《說文》「柲」
字下《段注》：「柲之引申為凡柄之偁。」《廣雅・釋器》：「柲，柄也。」柲、
柄，聲轉之詞。柲，幫母質部；柄，幫母陽部。質、陽旁通轉。柄，手所秉持。

〔22〕蒙伐有苑：戰車上還插著一杆有彩旒的旗幟。蒙伐，即厖伐、尨旆，邊飾為雜
色旒的旌旗。蒙，即蒙茸，蓬鬆雜亂的樣子。蒙，通厖、尨。蒙、厖、尨皆明
母東部字。尨，本義為多毛的狗。引申為蓬亂之義。《左傳・僖公五年》：「狐
裘尨茸，一國三公，吾誰適從？」《邶風・旄丘》：「狐裘蒙戎。」厖茸、尨茸、
蒙茸、蒙戎，皆為毛蓬鬆之義。伐，亦作「茷」，通旆。伐、茷、旆皆並母月
部字。《魯頌・泮水》：「其旗茷茷。」馬瑞辰《通釋》：「《群經音辨・三》曰：
『其旗伐伐。』伐伐，旗貌也。伐伐，即茷茷之渻。茷茷，又旆旆之假借。《六
月》篇『白旆央央』，《釋文》旆本作茷。是茷、旆古同聲通用之證。」茷茷，
即伐伐、旆旆，風中的旗聲。《左傳・定公四年》：「分康叔以大路、少帛、綪
茷、旃旌、大呂。」孔穎達《疏》：「茷，即旆也。」綪茷，即綪旆，赤色的大
旗。「茷」非旗尾，乃指旗。旆通發。發，幫母月部。並、幫旁紐。旆，本義
為大旗。《商頌・長發》「武王載旆」，《荀子・議兵》引作「武王載發」。周武
王所載之旗，是軍中的帥旗，大旗。大旗「旆旆」而有聲。《小雅・出車》：「彼
旟旐斯，胡不旆旆。」一說，「伐」讀為「瞂」，「蒙伐」謂畫羽之盾。《毛傳》：
「蒙，討羽也。伐，中干也。」《鄭箋》：「蒙，厖也。討，雜也。畫雜羽之文
於伐，故曰『厖伐』。」中干，中型的盾。毛亨讀「伐」為「瞂」，鄭玄讀「蒙」
為「厖」。《孔疏》：「上言龍盾，是畫龍於盾，則知蒙伐是畫物於伐，故以蒙為
討羽，謂畫雜鳥之羽以為盾飾也。」「櫓是大盾，故以伐為中干，干、伐皆盾

之別名也。」伐，《韓詩》作「瞂」。《方言》第九：「自關而東謂之瞂，或謂之干，關西謂之盾。」《說文》：「瞂，盾也。」《段注》：「作瞂者，或體也。作伐者，假借字。」若依此說，「蒙瞂」與「龍盾」相牴牾。此歌詞中「蒙伐」代指飾有彩旒的旌旗。這種旗幟是名為「物」的將帥之旗。《釋名·釋兵》：「雜帛為物。以雜色綴其邊為燕尾，將帥所建，象物雜色也。」參見《鄘風·干旄》注〔1〕。有苑，即苑苑、鬱鬱。苑通鬱。苑，影母元部；鬱，影母物部。元、物旁對轉。鬱鬱，紋彩濃密的樣子。苑又通菀。菀，影母月部。元、月對轉。《小雅·小弁》「菀彼柳斯」，《菀柳》「有菀者柳」，《桑柔》「菀彼桑柔」，其「菀」字皆讀為「鬱」。一說，「苑」為盾上文采多之義。《毛傳》：「苑，文貌。」毛亨所謂「文」，指盾上所畫之花紋。

〔23〕虎韔鏤膺：虎皮弓袋的正面裝飾著鏤花銅飾。虎韔，虎皮做的弓室。虎，指虎皮。《毛傳》：「虎，虎皮也。」韔，弓室。《毛傳》：「韔，弓室也。」《說文》：「韔，弓衣也。」鏤膺，弓室正面有鏤花的金屬飾品。《鄭箋》：「鏤膺，有刻金飾也。」鏤，鏤刻。指鏤空雕花紋飾。膺，胸。此指弓室的正面。林義光《詩經通解》：「鏤膺，馬瑞辰云：『當從范處義、嚴粲說，謂鏤飾弓室之膺。』蓋弓室之前為膺耳。」弓室是一個硬皮革製的袋子，它的正面有金屬鏤花裝飾，是高級軍官的裝備之一。這句歌詞說將軍的戰車上配備了精美的弓匣。一說，「膺」是馬帶。《毛傳》：「膺，馬帶也。」此句樂詞的上、下文皆言將軍戰車上的裝備，「膺」當與馬帶無涉。鏤膺，指虎韔之膺。

〔24〕交韔二弓：車上的弓室裏交叉放著兩張弓。交韔，二弓相交叉於弓室內。《毛傳》：「交韔，交二弓於韔中也。」

〔25〕竹閉緄縢：弓是竹子作弓柲，而且用精細的繩子捆紮著。竹閉，竹子做的弓柲。閉通柲。閉、柲皆幫母質部字。弓身由主、副兩根竹片用細繩子捆纏而成，裏邊的一根短，起輔助作用，稱為「柲」。《魯詩》作「柲」，《齊詩》作「柲」。《儀禮·既夕禮》「有柲」鄭玄《注》：「柲，弓檠。弛則縛之於弓裏備損傷，以竹為之。《詩》云：『竹柲緄縢。』」緄縢，用繩子捆紮纏束。緄，繩子。《毛傳》：「緄，繩。」縢，捆紮。《毛傳》：「縢，約也。」《說文》：「縢，緘也。」「緘，紮束也。」縢、緘皆有纏束義。縢通藤。縢、藤皆定母蒸部字。上古用藤纏束器具，即「縢」字古義。緘，用繩索封器具。緘通薕。薕亦藤類植物。上古用薕纏束器具，即「緘」字古義。稇，本義為捆束已收割的禾。引申為捆束之義。《國語·齊語·桓公霸諸侯》：「稇載而歸。」韋昭《注》：「稇，紮也。」

〔26〕載寢載興：他晚睡又早起，操心勞碌不得安寧。「載……載……」，表示連續的
　　　動作行為。參見《周南・葛覃》注〔8〕。載，《韓詩》作「再」。曹植《應詔詩》：
　　　「驂騑倦路，再寢再興。」再亦通載。載、再皆精母之部字。寢，從宀從帚，
　　　本義為臥室。引申為睡覺之義。《左傳・昭公十八年》：「子大叔之廟在道南，
　　　其寢在道北。」孔穎達《疏》：「寢，即游吉所居宅也。」《說文》：「寢，臥也。」
　　　《論語・公冶長》：「宰予晝寢。」《禮記・內則》：「蚤寢晏起。」興，本義為
　　　抬舉起東西。引申為起來之義。又用為起床之義。參見《衛風・氓》注〔37〕。

〔27〕厭厭良人：即「良人厭厭」，希望我的丈夫在西戎平平安安。厭厭，即懕懕、
　　　晏晏、安安，安樂的樣子。厭通安。厭、懕，影母談部；安，影母元部。談、
　　　元通轉。《毛傳》：「厭厭，安靜也。」《說文》：「懕，安也。從心，厭聲。《詩》
　　　曰：『懕懕夜飲。』」《衛風・氓》：「總角之宴，言笑晏晏。」厭厭，《韓詩》《魯
　　　詩》作「愔愔」。《小雅・湛露》「厭厭夜飲」，《韓詩》作「愔愔夜飲」。愔通厭。
　　　愔，影母侵部。侵、談旁轉。《玉篇・心部》：「愔，安和貌。」良人，好人，
　　　品質優秀的人。此是歌者對其丈夫的稱呼。

〔28〕秩秩德音：並希望從西戎秦軍駐地不斷地傳來有關於他的好音信。秩秩，同積
　　　積，眾多之義。秩通積。秩，定母質部；積，精母錫部。定、精鄰紐，質、錫
　　　通轉。《說文》：「秩，積也。從禾，失聲。《詩》曰：『稽之秩秩。』」「積，聚
　　　也。」「稽，積禾也。」德音，佳音，好消息。《豳風・狼跋》：「公孫碩膚，德
　　　音不瑕。」《小雅・南山有臺》：「樂只君子，德音不已。」《大雅・假樂》：「威
　　　儀抑抑，德音秩秩。」歌者希望從前方不斷地傳來與「良人」有關的好消息。

【詩旨說解】

　　　《小戎》是一個貴族婦女所作的室內遣懷樂歌歌詞。歌詞中所稱的「君
子」，是秦國的一位將軍。他所乘坐的戰車豪華耀眼，車上插著將旗。他長時
間駐守在西戎地區，其駐地距離秦國國都很遠。他的妻子在家中思夫甚殷，
作了一首房中樂歌在室內演唱，排遣其思夫的情緒。她演唱時或有樂工伴奏，
或自己伴奏。

　　　此歌詞集中地表達了「思夫」的主題。每章的內容分為上、下兩部分：
上一部分誇夫，誇得巧，誇得細，誇得足；下一部分思夫，思得遠，思得深，
思得切。誇夫極盡讚美之辭，詞藻華麗，開中國賦體詩歌之先河。歌詞反覆
地描述將軍車飾、兵器的華貴與精美，以彰顯將軍高貴的身份和非凡的氣質；
對秦國的車馬制度和兵器配置描述得具體而微；對車馬、兵器的質地、色彩

也有細緻的描述。歌詞還概括地描述了將軍的性格，並且涉及他駐邊履職的
情況。「溫其如玉」「溫其在邑」「載寢載興」，說他是一個性情溫雅且勤勉稱
職的將軍。漢樂府《陌上桑》詩裏的秦羅敷誇夫是真誇夫，此歌詞中的誇夫
是思夫的曲筆。思物實乃思人。

　　這篇歌詞大概創作於秦國穆公、康公之世。秦國自秦德公元年（公元前
677 年）遷都於雍地至獻公二年（公元前 383 年）遷都櫟陽，都雍城二百九十
四年。秦穆公時，「秦用由余，謀伐戎王，益國十二，開地千里，遂霸西戎」。
此歌詞作者的丈夫是秦國駐守西戎地區的將領，秦國為他裝備了高規格的車
馬、鞍具和兵器。秦國穆、康時期政治穩定，經濟實力雄厚，軍事實力強大，
兵械精良，由此歌詞可窺知一二。

　　《小戎》也是研究中國兵器裝備史、冶金史的珍貴文獻資料。

蒹葭

　　　　蒹葭蒼蒼〔1〕，白露為霜〔2〕。
　　　　所謂伊人〔3〕，在水一方〔4〕。
　　　　遡洄從之〔5〕，道阻且長〔6〕。
　　　　遡游從之〔7〕，宛在水中央〔8〕。

　　　　蒹葭萋萋〔9〕，白露未晞〔10〕。
　　　　所謂伊人，在水之湄〔11〕。
　　　　遡洄從之，道阻且躋〔12〕。
　　　　遡游從之，宛在水中坻〔13〕。

　　　　蒹葭采采〔14〕，白露未已〔15〕。
　　　　所謂伊人，在水之涘〔16〕。
　　　　遡洄從之，道阻且右〔17〕。
　　　　遡游從之，宛在水中沚〔18〕。

【注釋】

〔1〕蒹葭蒼蒼：河邊的葦子一片青綠色。蒹葭，未開花的葦子。蒹，未吐穗的荻。
　　荻，稈實，俗稱「實葦」。《毛傳》：「蒹，薕。」《爾雅·釋草》：「蒹，薕。」
　　荻出穗後稱為「萑」。《說文》：「薕，蒹也。」「蒹，薍之未秀者。」《段注》：
　　「凡經言萑葦，言蒹葭，言葭菼，皆並舉二物。蒹、菼、萑一也，今人所謂

荻也。葭、葦一也，今人所謂蘆也。」《廣韻・添韻》：「蒹，荻未秀。」葭，未出穗的蘆葦。《毛傳》：「葭，蘆也。」《說文》：「葭，葦之未秀者。」《廣韻・麻韻》：「葭，葭蘆也。」蘆，杆中空，俗稱「空葦」。今言「葦」，荻、蘆之通稱。此歌詞的「蒹葭」，泛指葦類植物。蒼蒼，青綠色。參見《王風・黍離》注〔8〕。朱守亮《詩經評釋》：「蒼蒼，深青之色。」一說，「蒼蒼」為壯盛貌。《毛傳》：「蒼蒼，盛也。」蒹葭長勢旺盛，其色便青綠。但「蒼」非壯義。

〔2〕白露為霜：葦葉上的白露，像蒙了一層霜。白露，白色的露水。露，地表氣溫下降但仍高於零度、近地面的水汽飽和到一定程度時，凝聚到植物或其他物體上的水珠。露水經風吹日曬而乾。中國北方中緯度地區春、夏、秋皆有露水。秦國亦然。《爾雅・釋天》：「春秋繁露。」唐王維《與裴秀才迪書》：「當待春中，草木蔓發，春山可望，輕鰷出水，白鷗矯翼，露濕青皋。」唐代的氣候跟春秋時期的氣候狀況差不多，較現代偏暖。參見《鄭風・野有蔓草》注〔2〕。為霜，即如霜。為，通如。為，匣母歌部；如，日母魚部。匣、日通轉，歌、魚通轉。如，似、像。王引之《經傳釋詞》卷二：「家大人曰：『為，猶如也。』」吳昌瑩《經詞衍釋》卷二：「為，猶如也。」霜，地表溫度降到零度以下時，水汽在地面上、植物及其他物體上凝結的白色冰晶。一說，「為霜」即成霜。《毛傳》：「白露凝戾為霜。」《鄭箋》：「蒹葭在眾草之中蒼蒼然強盛，至白露凝戾為霜則成而黃。」魏源《古詩微・秦風答問》：「如蒼蒼之蒹葭，遇霜而黃。」蒹葭是青壯的葦子，葉上不可能有霜。「成霜」說誤甚。此歌詞的「蒹葭蒼蒼」，描繪的是春天的景象；下文的「白露未晞」「白露未已」，已經說明了蒹葭上的是露，不是霜。露水珠細密地敷佈在葦子葉上，看上去像結了一層霜，並非露凝而為霜。

〔3〕所謂伊人：我所要告白的那個女子。所謂，所要告知的。男子用情歌告知他所要追求的女子。謂通曰、說，有告訴之義。參見《召南・行露》注〔4〕。伊人，即爾人，那個人。指在河流對岸站著的那個女子。伊，通其、乃、爾。參見《邶風・雄雉》注〔4〕。《小雅・白駒》：「所謂伊人，於焉逍遙。」此歌詞中的「伊人」是歌者所要追求的婚戀對象。一說，「伊」通繄，是。《鄭箋》：「伊，當作繄。繄猶是也。」

〔4〕在水一方：她正站在河流的另一方。水，河流。秦國有渭、涇、漆、沮幾條主要河流。此歌詞所謂的「水」，當是秦國境內某一條較大的河流。一方，即一

旁，彼方。指河流的對岸。方通旁。參見《邶風‧谷風》注〔25〕、《魏風‧汾
沮洳》注〔6〕。男子要尋找的那個女子正站在河流的對岸。

〔5〕遡洄從之：倘若沿著彎曲的河道過渡口去尋找她。遡洄，沿著彎曲的河道向上
遊走。指到河上游遠處找渡口。遡，同游，本義為迎、向。遡、游皆心母鐸部
字。《說文》：「逆流而上曰游洄。游，向也。」《段注》：「向，當作『鄉』。」
徐鍇《說文繫傳》：「游，或從辵、朔。」鄉，本義為人相向而食，有向、對之
義。林義光《文源》：「鄉，象二人相向就食形。」《集韻‧漾韻》：「鄉，面也。
或從向。」洄，從水從回，本義為曲流迴旋之水。《玄應音義》卷二「洄澓」
注引《三蒼》：「洄，水轉也。」此歌詞「洄」補充「遡」，為沿彎曲回轉的河
流向上遊行走之義。河道很遠處才有渡口，不能直線走過去，須沿著彎曲的河
道走。此「洄」當指自歌者腳下至河流上游渡口的一段曲折的路程。《毛傳》：
「逆流而上曰遡洄。」《魯說》同。《爾雅‧釋水》：「逆流而上曰遡洄。」《玉
篇‧辵部》：「遡，逆流而上也。」歌者實乃徒行，倘若要尋上游渡口或水淺處
過河，須步行很遠。從之，追尋她。從，與从同義。从，象一人跟隨另一人行
走之形，會跟隨之意，本義為跟隨。引申為追趕、尋找之義。徐中舒《甲骨文
字典》：「从，從二人，象二人相隨形，或從三人，同。會隨行之義。」段校《說
文》：「從，隨行也。从从、辵，从亦聲。」之，代詞，指「伊人」。

〔6〕道阻且長：道路阻隔而且距離很遠。道，道路。阻，阻隔。河水漫漶、路途高
低不平，可稱為「阻」。且，而且。長，距離長。這句歌詞是求偶的男子向河
對岸的女子表示他不願過河之意。

〔7〕遡游從之：倘若迎著河流徑直涉水去尋找她。遡游，迎著水流。游通流。游，
喻母幽部；流，來母幽部。來、喻準雙聲。流，流淌的河水。《史記‧項羽本
紀》：「古之帝者地方千里，必居上游。」裴駰《集解》引文穎曰：「居水之上
流也。游，或作流。」一說，「遡游」即順流。《毛傳》：「順流而涉曰遡游。」
《魯說》：「順流而下曰遡游。《爾雅‧釋水》：「順流而下曰遡游。」「遡」非順
義。凡不以「遡」為迎、向之義，皆誤。

〔8〕宛在水中央：她彷彿正站在一片寬闊水面的中央。宛在，即彷彿處在。宛，從
宀、夗，本義為宮室深曲。夗，象二人曲體蜷臥之形，曲臥之義。引申為彎曲、
曲折之義。《說文》：「夗，轉臥也。」《段注》：「謂轉身臥也。」《說文》「宛」
字徐灝《注箋》：「宛者，屈曲之義。宛，從宀，蓋謂宮室窈然深曲。引申為凡
圓曲之偁。又為屈折之偁。」此詩「宛」通如、若。宛，影母元部；如，日母

魚部；若，日母鐸部。影、日通轉，元部與魚、鐸部通轉。吳昌瑩《經詞衍釋・補遺》：「宛，猶若也，宛與若義相同。」水中央，水面的中央。中央，正中部的位置。《荀子・大略》：「欲近四旁，莫如中央。」《禮記・王制》：「道路，男子由右，婦人由左，車從中央。」「伊人」所站立之處，很可能是兩條河流交叉所夾的一個小三角地帶，且此處的河流水面寬闊。在遠處看，「伊人」就像處在一片湖水的中央一樣。這是歌者用巧言告訴對岸的女子，說她雖然在近處但遠不可及。朱熹《集傳》：「在水之中央，言近而不可至也。」

〔9〕萋萋：密集的樣子。《唐石經》作「蒹葭淒淒」。《釋文》：「萋萋，本亦作淒」。黃焯《經典釋文匯校》第五：「《唐寫本》經文作萋，《傳》作淒。」陳奐《傳疏》：「宋本作淒淒，不誤也。」淒通萋。淒、萋皆清母脂部字。《周南・葛覃》：「維葉萋萋。」《小雅・出車》：「卉木萋萋。」《小雅・杕杜》：「其葉萋萋。」《大雅・卷阿》：「菶菶萋萋。」淒、萋皆通集，密集之義。參見《周南・葛覃》注〔3〕。

〔10〕白露未晞：葦葉上白色的露珠尚未曬乾。晞，曬乾。《毛傳》：「晞，乾也。」《說文》同上。《小雅・湛露》：「湛湛露斯，匪陽不晞。」

〔11〕在水之湄：她正站在河流對岸水陸相接的地方。湄，河水的邊緣與草地相接處。《毛傳》：「眉，水隒也。」隒，岸。《說文》：「湄，水草交為湄。从水，眉聲。」《釋名・釋水》：「水、草交曰湄。湄，眉也。臨水如眉臨目也。」

〔12〕道阻且躋：道路上有阻隔，要爬丘過隴。躋，走路登高。《毛傳》：「躋，升也。」《說文》：「躋，登也。」這是說路沿河道向上遊行走的途中有土丘阻隔，路難行。

〔13〕水中坻：水中的小塊陸地。坻，水中小而低的陸地。《毛傳》：「坻，小渚也。」《爾雅・釋水》：「水中可居者曰洲，小洲曰陼，小陼曰沚，小沚曰坻。」段玉裁《毛詩故訓傳定本》傳文注：「『小渚』當作『小沚』，乃合《爾雅》。」女子所站立處的「坻」，很可能是兩條河流交叉所夾的小三角地帶。「水中央」「水中坻」「水中沚」是巧言說法，指的是同一個地方。

〔14〕采采：色彩鮮明的樣子。采，通粲。采，清母之部；粲，清母元部。之、元旁通轉。蒹葭本為「蒼蒼」之色，因有露水而又有了「采采」之光。參見《曹風・蜉蝣》注〔6〕。戴震《毛鄭詩考證》：「《蒹葭》三章《傳》：『采采，猶萋萋也。』震按，此與《曹詩》『采采衣服』皆言其色之光澤。」一說「采采」是「萋萋」的音轉詞。《毛傳》：「采采，猶萋萋也。」此說誤。

〔15〕未已：同「未晞」。指露水尚未蒸發盡。已，完。《毛傳》：「未已，猶未止也。」

〔16〕涘：水邊。《毛傳》：「涘，厓也。」《說文》：「涘，水厓也。」「厓，山邊也。」厓，本義為山厓。借為水邊之義，俗作「涯」。《爾雅・釋丘》：「望厓灑而高，岸。」郭璞《注》：「厓，水邊。」《釋文》：「厓，字又作涯。」《玉篇・厂部》：「厓，水邊也。或作涯。」

〔17〕道阻且右：道路阻隔且要向右轉行。右，向右繞。《毛傳》：「右，出其右也。」《鄭箋》：「右者，言其迂迴也。」男子說欲過河與對岸的女子相會，因河道彎曲，岸邊的道路高低不平，需向右轉彎繞行才能到達渡口處，然後過河到達彼岸。

〔18〕沚：水中的小塊陸地。《毛傳》：「小渚曰沚。」《釋名・釋水》：「小洲曰渚。渚，遮也。體高能遮水，使從旁迴也。小渚曰沚。沚，止也。小，可以止息其上也。小沚曰坻。」水中洲、渚、沚、坻的面積、形狀各不同，長者為洲，高者為堵，小者為沚，低者為坻。洲，古文作「州」。渚，通陼、堵。渚、陼，照母魚部；堵，端母魚部。照、端準雙聲。堵，如牆堵一樣高。《說文》：「陼，如渚者陼丘。水中高者也。」沚，通止。沚、止皆照母之部字。止，甲骨文字象人足之形。足可停止於某處。坻，通低。坻、低皆端母脂部字。低，陸地低。此歌詞上文言「坻」，下文言「沚」，是巧言說法。

【詩旨說解】

　　《蒹葭》是婚戀情歌歌詞。河邊的葦子長得不高，一片青綠，葦葉上鋪了一層細薄的露珠，看上去像落了一層霜。男子站在河邊，看見對岸站著一個漂亮的女子，於是便編唱了一支情歌，向她打招呼。

　　「蒹葭蒼蒼，白露為霜。所謂伊人，在水一方」「蒹葭萋萋，白露未晞。所謂伊人，在水之湄」「蒹葭采采，白露未已。所謂伊人，在水之涘」是求偶的男子自述他眼前所見到的景況。歌者尋偶的地點是在秦國的某一條河流旁，時間大約是春末或夏初的某個早晨。「蒹葭」是青壯的葦子；「蒼蒼」是葦葉的顏色；「萋萋」是形容葦子的稠密之貌；「采采」是形容葦葉上露水珠兒的閃光；「白露為（如）霜」「白露未晞」「白露未已」是描述早晨葦葉上露水正濃的狀況。

　　「所謂伊人，在水一方。遡洄從之，道阻且長。遡游從之，宛在水中央」是歌者表明他不願意主動過河去與女子相會的說辭。男子想讓河對岸的女子主動過河來跟他相會，於是編了這樣一套說辭。其實，他想過河並不難。在

春秋時期，青年人婚戀過河尋偶，一般都用船。《邶風‧谷風》：「就其深矣，方之舟之。」但也有身旁有舟而不願意渡水者。《周南‧漢廣》：「江之永矣，不可方思。」《邶風‧匏有苦葉》：「招招舟子，人涉卬否。」周代的情歌裏常常隱藏著一些婚戀技巧。自視社會地位高貴、條件優越的求偶者，往往會自曝其身份信息，吸引對方主動地過河會面；有心計者也往往唱讓對方過河相會的歌。這樣唱情歌的人，大都是想用歌聲試探對方的反應。例如，《周南‧漢廣》、《邶風‧匏有苦葉》第一章、《衞風‧河廣》皆是這樣的情歌。《蒹葭》的歌者編造了一大堆自己過河困難的理由，就是想以巧言吸引對方，試探對方的反應。

終南

終南何有〔1〕？有條有梅〔2〕。
君子至止〔3〕，錦衣狐裘〔4〕，
顏如渥丹〔5〕，其君也哉〔6〕！

終南何有？有紀有堂〔7〕。
君子至止，黻衣繡裳〔8〕，
佩玉將將〔9〕，壽考不亡〔10〕！

【注釋】

〔1〕終南何有：終南山裏生長著什麼樹？終南，山名，又稱「中南山」「周南山」。《毛傳》：「終南，周之名山，中南也。」何有，即有何，有什麼。

〔2〕有條有梅：有柚樹也有梅樹。條，本義為枝條。《說文》：「條，小枝也。从木，攸聲。」條通柚。條，定母幽部；柚，喻母幽部。定、喻鄰紐。柚，一種果樹。柚子像橙子，有酸味。《爾雅‧釋木》：「柚，條。」郭璞《注》：「似橙，實酢。生江南。」《說文》：「柚，條也。似橙而酢。」《尚書‧夏書‧禹貢》：「厥包橘柚，錫貢。」孔安國《傳》：「小曰橘，大曰柚。」《史記‧司馬相如列傳》：「橘柚芬芳。」張守節《正義》：「小曰橘，大曰柚。樹有刺，冬不凋，葉青，花白，子黃赤。二樹相似。非橙也。」《漢書‧司馬相如傳》：「橘柚芬芳。」顏師古《注》：「柚即橙也。似橘而大，味酢皮厚。」《漢書‧地理志》：「厥包橘、柚，錫貢。」顏師古《注》：「柚，似橘而大，其味尤酸。」《埤雅‧釋木》「柚」字下：「柚似橙而大於橘。……《秦風》所謂『有條』者，即此是也。」柚，又

作「楱」「櫾」。《廣雅・釋木》：「柚，楱也。」《山海經・中山經・中次八山》：
「（荊山）多橘櫾。」郭璞《注》：「櫾，似橘而大。皮厚，味酸。」郝懿行《山
海經箋疏》：「柚，通作櫾。」李時珍《本草綱目・果二・柚》：「〔釋名〕櫾，
條、壺柑、臭橙、朱欒。〔集解〕郭璞云：『柚出江南，似橙而實酢，大如橘。』」
朱駿聲《說文通訓定聲・孚部》：「櫾，假借為柚。《中山經》：『荊山多橘櫾。』
《注》：『似橘而大也。』」綜之，柚子大於橘，味酸，其皮質與橙子相似，實
即酸橙。春秋時期氣溫偏高，梅和柚都能在秦嶺地區生長。漢、唐宮中也種植
橘、柚。後漢李尤《德陽殿賦》：「德陽之北，斯曰濯龍。蒲萄安石，蔓延蒙籠；
橘柚含桃，甘果成叢。」李白《宮中行樂辭》其三：「盧橘為秦樹，葡萄出漢
宮。」條，一作「稻」。馬无咎《漢石經集存》四一有「稻有」二字，《魯詩》
作「稻」。一說，「條」通稻。稻，山楸，槐屬。《毛傳》：「條，稻。」《爾雅・
釋木》：「槐，小葉曰榎。大而皵，楸；小而皵，榎。」「稻，山榎。」此說不
可取。梅，梅樹，果似杏而酸。《爾雅・釋木》「梅」郭璞《注》：「似杏，實酢。」
參見《召南・摽有梅》注〔1〕。《毛詩》中的「梅」，皆為酸果樹。《召南・摽
有梅》：「摽有梅，其實七兮。」《陳風・墓門》：「墓門有梅，有鴞萃止。」《曹
風・鳲鳩》：「鳲鳩在桑，其子在梅。」《小雅・四月》：「山有嘉卉，侯栗侯梅。」
一說，「梅」即楠，大木也。《毛傳》：「梅，枏也。」《爾雅・釋木》：「梅，枏。」
枏，同「楠」。《召南・摽有梅》《衛風・木瓜》《魏風・園有桃》《鄶風・隰有
萇楚》等情歌中顯示，周代青年人用酸果、甜果作婚戀的媒物。酸果、甜果是
男女愛情和婚姻幸福的象徵物。此歌詞中的「條」和「梅」都是結酸果的樹木。

〔3〕君子至止：貴族公子到山裏來啦。君子，泛指貴族男子。至，來到。止，同之、
　　哉，句末語助詞。

〔4〕錦衣狐裘：他身上穿著華美珍貴的衣和裳。錦衣，有彩色織紋的上衣。錦，有
　　彩色花紋的絲織品。《毛傳》：「錦衣，彩色也。」彩色，當作「彩衣」。色，孔
　　穎達《毛詩正義》作「衣」。《鄭箋》：「諸侯狐裘，錦衣以褐之。」褐，錦衣罩
　　在裘衣外面，裘衣部分外露。狐裘，貴族男子所穿之衣。一說，「狐裘」是諸
　　侯、卿大夫上朝所穿之衣。《毛傳》：「狐裘，朝廷之服。」朝廷，上朝者所站
　　立之處。毛亨謂「狐裘」是上朝者所穿的官衣。《檜風・羔裘》：「狐裘以朝。」
　　《左傳・僖公五年》晉獻公臣士蒍歌曰：「狐裘龍茸，一國三公，吾誰適從。」
　　《禮記・玉藻》：「錦衣狐裘，諸侯之服也。」上朝者春、秋、冬寒冷之日服狐
　　裘。其他貴族亦可穿狐裘。《豳風・七月》：「取彼狐狸，為公子裘。」《小雅・

都人士》:「彼都人士,狐裘黃黃。」《論語·鄉黨》:「君子不以紺緅飾⋯⋯緇
衣羔裘,素衣麑裘,黃衣狐裘。」春秋時期,貴族男女到終南山參與婚戀活動,
身穿美麗的衣服。「錦衣狐裘」是以物代人,代指穿華美衣裳者。這句歌詞誇
讚貴族男子衣服華美、身份高貴,其實是誇讚其人美。

〔5〕顏如渥丹:面容紅潤得像塗了丹砂一般。顏,面色紅潤。參見《鄘風·君子偕
老》注〔22〕。如,似。渥,塗染。《鄭箋》:「渥,厚漬也。顏色如厚漬之丹,
言赤而澤也。」漬,染。丹,丹砂,朱砂,一種紅色的礦物,可作顏料。《邶
風·簡兮》:「赫如渥赭。」丹砂與赭石皆可作赤色顏料。這句歌詞誇讚貴族男
子的面色紅潤,容顏美。

〔6〕其君也哉:我見到的這個人真是一位有大君子風度的美男子呀!其,代詞。指
眼前所見到的人。君,形容詞,像有大君子風度的人。《左傳·昭公元年》:
「(魯)叔孫穆子曰:『楚公子美矣,君哉!』」杜預《注》:「美服似君。」《白
虎通義·號》:「皇,君也,美也,大也。」《孟子·滕文公上》:「君哉舜也!」
俞樾《群經平議·孟子一》:「樾謹按,『君』猶美也。《詩·羔裘》篇:『洵直
且侯。』《毛傳》曰:『侯,君也。』《釋文》引《韓詩》曰:『君,美也。』」
也哉,句末感歎詞。這句歌詞誇讚到終南山參加婚戀活動的那位貴族青年男子
頗像一位大君子。《鄭箋》:「其君也哉,儀貌尊嚴也。」

〔7〕有紀有堂:有枸杞也有棠梨。紀,通杞。紀,見母之部;杞,溪母之部。見、
溪旁紐。三家《詩》作「杞」。《左傳·桓公二年》:「杞侯來朝。」《公羊傳》
《穀梁傳》皆作「紀」。杞,落葉小灌木,秋天結出深紅色或橘紅色的卵形漿
果,有甜味。《爾雅·釋木》:「杞,枸檵。」《說文》:「杞,枸杞也。」《小雅·
南山有臺》:「南山有杞,北山有李。」堂,通棠。堂、棠皆定母陽部字。三家
《詩》作「棠」。棠,棠梨。《本草綱目·果部·棠梨》:「〔釋名〕赤者杜,白
者棠;或云牝曰杜,牡曰棠;或云澀者杜,甘者棠。杜者,澀也;棠者,糖也。
三說俱通,末說近是。」王引之《經義述聞·毛詩上》「有紀有堂」條下:「紀
讀為杞,堂讀為棠。條、梅、杞、棠,皆木名也。⋯⋯紀、堂,假借字耳。⋯⋯
考《白帖》終南山類引《詩》正作『有杞有棠。』唐時《齊詩》《魯詩》皆亡,
唯《韓詩》尚存,則所引蓋《韓詩》也。」

〔8〕黻衣繡裳:他身上穿著繡花的衣和裳。黻衣,有青與黑色相間花紋的上衣。黻,
古代禮服上刺繡的青與黑色相間的花紋。《毛傳》:「黑與青謂之黻。」《說文》:
「黻,黑與青相次文。」劉向《說苑·修文》:「士服黻,大夫黼。」黼,古代

禮服上黑色與白色相間的刺繡花紋。《說文》：「黼，白與黑相次文。」繡裳，繡花的下衣。繡，刺繡的花紋。《毛傳》：「五色備謂之繡。」《說文》：「繡，五采備也。」《周禮‧冬官‧考工記》：「五采備謂之繡。」這句歌詞仍是誇讚貴族男子的衣服華美。

〔9〕佩玉將將：他身上的佩玉「鏘鏘」作響。將將，即鏘鏘、瑲瑲，象聲詞，佩玉的碰撞之聲。將，通鏘、瑲。參見《鄭風‧有女同車》注〔9〕。《魯詩》作「鏘鏘」。

〔10〕壽考不亡：令人終生難忘！壽考，年紀老、到老。亦即終生。「壽」「考」二字皆從老省，與「老」同義。不亡，即不忘。亡通忘。亡、忘皆明母陽部字。《魯詩》《齊詩》作「忘」，《唐石經》作「忘」。段玉裁《毛詩故訓傳定本》校訂經文作「忘」。《鄭風‧有女同車》：「有女同行，顏如舜英。……佩玉將將，……德音不忘。」此句歌詞並不是祝賀「君子」長壽之意，而是說「君子」的美好形象令人終生難忘。

【詩旨說解】

　　《終南》是婚戀情歌歌詞。終南山在陝西省南部，東起藍田縣，西至眉縣，位於秦雍都的東南。因其在周原之南，又稱「周南山」。周原一帶原為周地，後屬於秦。秦國周原地區的女子到終南山參加婚戀集會，見有秦國公室的貴族成員到來，便謳歌相招。

　　「終南何有？有條有梅」「終南何有？有紀有堂」是情歌的標誌性語言。在中國上古時期，青年男女常到山上或水邊進行婚戀活動，用花草、枝條或樹上結的果子作為談情說愛的媒物。《周南‧汝墳》《召南‧摽有梅》《衛風‧木瓜》《鄭風‧將仲子》等篇都反映了這種情況。

　　「君子至止，錦衣狐裘，顏如渥丹，其君也哉！」「君子至止，黻衣繡裳，佩玉將將，壽考不亡！」這是到終南山參加婚戀集會的女子誇讚秦國公室貴族男子身份尊貴、相貌俊美的說辭。女子唱情歌誇讚貴族男子，意在招引貴族男子與她談情說愛。

黃鳥

交交黃鳥〔1〕，止于棘〔2〕。
誰從穆公〔3〕？子車奄息〔4〕。

維此奄息〔5〕，百夫之特〔6〕。
臨其穴〔7〕，惴惴其慄〔8〕。
彼蒼者天〔9〕，殲我良人〔10〕！
如可贖兮〔11〕，人百其身〔12〕！

交交黃鳥，止于桑。
誰從穆公？子車仲行〔13〕。
維此仲行，百夫之防〔14〕。
臨其穴，惴惴其慄。
彼蒼者天，殲我良人！
如可贖兮，人百其身！

交交黃鳥，止于楚〔15〕。
誰從穆公？子車鍼虎〔16〕。
維此鍼虎，百夫之禦〔17〕。
臨其穴，惴惴其慄。
彼蒼者天，殲我良人！
如可贖兮，人百其身！

【注釋】

〔1〕交交黃鳥：「嘰嘰喳喳」鳴叫的黃鳥。交交，借為「咬咬」，禽鳴聲。馬瑞辰《通釋》：「《玉篇》《廣韻》並曰：『咬，鳥聲。』《毛詩》作『交交』者，省借字耳。」交通咬。交、咬皆見母宵部字。《玉篇·口部》：「咬，古爻切，鳥聲也。俗亦為齩字。」《廣韻·肴韻》：「咬，鳥聲。」《集韻·爻韻》：「咬，咬咬，鳥聲。」「交交」通作「咬咬」。《文選》禰衡《鸚鵡賦》：「采采麗容，咬咬好音。」李善《注》引《韻略》：「咬咬，鳥鳴也，音交。」《樂府詩集·相和歌辭·長歌行》：「黃鳥飛相追，咬咬弄音聲。」「咬」與「齩」形義異。《說文》：「齩，齧骨也。從齒，交聲。」《段注》：「俗以鳥鳴之『咬』為齩齧（字）。」黃鳥，黃雀，麻雀的一種，毛色黃，喜群集覓食。參見《周南·葛覃》注〔4〕。《小雅·黃鳥》：「黃鳥黃鳥，無集于穀，無啄我粟。」

〔2〕止于棘：成群地停留在墓地裏棘叢上。止，住，停留。棘，野棗樹。或指低矮灌木叢。墓地多棘。《陳風·墓門》：「墓門有棘。」《唐風·葛生》：「葛生蒙棘。」

〔3〕誰從穆公：誰為秦穆公陪葬了？從，隨從。指殉葬。穆公，秦穆公，名任好，
　　周惠王十八年（公元前659年）繼位，卒於周襄王三十一年（公元前621年），
　　諡號「謬」。謬通穆，典籍多作「穆」。

〔4〕子車奄息：那是我國的將軍子車奄息。子車，即車氏。《毛傳》：「子車，氏。」
　　《孔疏》引服虔云：「子車，秦大夫氏也。」上古的姓形成於母系社會，父系
　　社會分化出氏。春秋戰國的氏，多以官職、職業、居住地點等名之。車氏，秦
　　國貴族的一個分支。車氏族負責管理國君的路車、出行及戰車事務。因其為貴
　　族，故而在氏前冠以「子」字。「子」為尊稱。奄息，氏下之名。《毛傳》：「奄
　　息，名。」奄息，即安息，安定國家使人民得以生息之義。奄通安。奄，影母
　　談部；安，影母元部。談、元通轉。安，安定。息，生息。《孟子・滕文公下》：
　　「堯舜既沒，聖人之道衰，暴君代作，壞宮室以為污池，民無所安息。」《荀
　　子・勸學》引逸《詩》：「嗟爾君子，無恒安息。」子車奄息，秦國的大夫。下
　　文的「仲行」「鍼虎」，皆是秦國車氏族大夫的名字。

〔5〕維此奄息：只有這個奄息。維，通唯，獨。這是強調語氣。參見《鄭風・揚之
　　水》注〔3〕。

〔6〕百夫之特：他是能與一百個成年男人相匹敵的好男兒。百夫，一百個成年男人。
　　百，一百。夫，成年男子。《說文》：「夫，丈夫也。从大，一以象簪也。」之，
　　是。特，通值。值，相當。見《鄘風・柏舟》注〔8〕。

〔7〕臨其穴：人們走近穆公的墳墓。臨，本義為向下看。《爾雅・釋詁》：「臨，視
　　也。」段校《說文》：「臨，監也。」「監，臨下也。」臨，又引申為臨近、面
　　對之義。《莊子・大宗師》：「臨屍而歌。」其，代詞，指秦穆公。穴，本義為
　　地室。此指墳墓。《說文》：「穴，土室也。」《鄭箋》：「穴，謂冢壙中也。」

〔8〕惴惴其慄：頓時恐懼得渾身發抖。惴惴，戰慄恐懼的樣子。惴通戰。惴，照母
　　歌部；戰，照母元部。歌、元對轉。《毛傳》：「惴惴，懼也。」《爾雅・釋訓》：
　　「惴惴，懼也。」《說文》：「惴，憂懼也。从心，耑聲。《詩》曰：『惴惴其慄。』」
　　其，語助詞。慄，戰慄，發抖。《鄭箋》：「秦人哀傷此奄息之死，臨視其壙，
　　皆為之悼慄。」《爾雅・釋詁》：「慄，懼也。」《廣雅・釋言》：「慄，戰也。」
　　毛晃、毛居正《增修互注禮部韻略・入聲・質韻》：「慄，懼也；竦縮也。」《論
　　語・八佾》：「使民戰慄。」

〔9〕彼蒼者天：頭上的蒼天啊。彼，那，那個。代指天。蒼者，蒼蒼的。蒼，青色。
　　者，通之。參見《魏風・十畝之間》注〔2〕。《鄭箋》：「言『彼蒼者天』，愬之。」

〔10〕殲我良人：這樣的殉葬真是殘害了我們國家的英才！殲，本義為一點點地減損。《說文》：「殲，微盡也。」《段注》：「殲之言纖也。纖細而盡之也。」一說，「殲」為滅盡之義。《毛傳》：「殲，盡。」《爾雅·釋詁》：「殲、珍，盡也。」殲通殘。殲，精母談部；殘，從母元部。精、從旁紐，談、元通轉。殘，殘害、戕害。《說文》：「殘，賊也。」「賊，敗也。」「敗，毀也。」良人，品質優秀的人，英才。《毛傳》：「良，善也。」

〔11〕如可贖兮：假如可以交換的話。如，若。贖，本義為用錢財換取人身的自由或抵押物。《說文》：「贖，貿也。」《玉篇·貝部》：「贖，質也。以財拔罪也。」《尚書·虞書·舜典》：「金作贖刑。」孔安國《傳》：「誤而入刑，出金以贖罪。」

〔12〕人百其身：我們願意用一百個國人把他換回來！人，春秋時期對城內人的通稱。百其身，一百個人的身體。子車奄息是秦國的一位有功之臣，秦國貴族願意用一百個城市居民代替他為秦穆公殉葬，把他換回來。

〔13〕仲行：子車族的一個男子名。《鄭箋》：「仲行，字也。」行，諸侯國軍隊的最大編制單位。駐紮時有左、中、右三軍，行軍打仗時有左、中、右三行。《左傳·僖公二十八年》：「晉侯作三行以禦狄，荀林父將中行，屠擊將右行，先蔑將左行。」

〔14〕百夫之防：義同「百夫之特」。防，通方。防，並母陽部；方，幫母陽部。並、幫旁紐。方，比，相當。《毛傳》：「防，比也。」《鄭箋》：「防，猶當也。言此一人當百夫。」毛、鄭讀「防」為「方」，與「特」同義。《說文》「方」字《段注》：「《秦風》：『百夫之防。』毛曰：『防，比也。』謂『防』即『方』之假借也。」

〔15〕楚：樹木名，牡荊。

〔16〕鍼虎：子車族的一個男子名。鍼，音箝。《史記秦本紀》「鍼虎」張守節《正義》：「鍼音其廉反。」鍼虎，即擒虎。鍼通擒。鍼、擒皆群母侵部字。古有擒虎者，皆猛力之士。《鄭風·大叔于田》：「袒裼暴虎，獻于公所。」《穆天子傳》卷五：「有虎在於葭中。天子將至，七（甲）萃之士高奔戎請生捕虎，必全之。乃生捕虎而獻之，天子命之為柙，而畜之東虞，是為虎牢。」

〔17〕百夫之禦：義同「百夫之特」。禦，抵禦。引申為抗衡、相當。《毛傳》：「禦，當也。」參見《邶風·谷風》注〔40〕。

【詩旨說解】

　　《黃鳥》是軍旅樂歌歌詞。秦國的奄息、仲行、鍼虎是秦穆公的三個大夫。這三人軍功顯著，是秦國的棟樑之材。秦國貴族稱他們為「良人」。秦穆公死，特意用「三良」殉葬。下葬時，殉葬的景況十分悲慘。這種悲慘的景象，讓秦國人看在眼裏，記在心上。秦國貴族反對殘害「三良」，痛惜國家失去賢才。《左傳・文公六年》載：「秦伯任好卒，以子車氏之三子奄息、仲行、鍼虎為殉，皆秦之良也。國人哀之，為之賦《黃鳥》。」「國人哀之」這四個字，透露了秦國貴族對「三良」的重視和痛惜之意。為振興軍旅，秦國大夫創作了《黃鳥》這首樂歌歌詞。在一次整飭演練軍隊的儀式上，主帥安排樂工演唱《黃鳥》這首樂歌，來祭祀秦國的英雄人物「三良」。

　　秦穆公在位三十九年，葬於雍。他一生貫於征戰，在歷史上是一個比較有作為的國君。他死後用一百七十七人殉葬，人殉中還有秦國的功臣「車氏三雄」。《史記・秦本紀》說：「（秦繆公）三十九年，繆公卒，葬雍，從死者百七十七人。秦之良臣子輿氏三人名曰奄息、仲行、鍼虎，亦在從死之中。秦人哀之，為作歌《黃鳥》之詩。君子曰：『秦繆公廣地益國，東服強晉，西霸戎夷，然不為諸侯盟主，亦宜哉！死而棄民，收其良臣而從死。且先王崩，尚猶遺德垂法，況奪之善人良臣百姓所哀者乎？是以知秦不能復東征也。』」《史記・秦本紀》中的「繆公」與《左傳》中的「秦伯任好」是同一個人，即歷史上的秦穆公。葬秦穆公的用人殉之數，創造了中國歷史上一個驚人的紀錄。用活人殉葬，是極其殘忍極其罪惡的做法。司馬遷在《史記》中也對秦穆公用殉及秦國的人殉制度予以譴責。

　　袁寶泉、陳智賢《詩經探微》引易白沙《帝王春秋》：「穆公殺殉，至百七十七人之多，秦人僅哀『三良』。《左傳》《史記》所論，亦惟『三良』。是殺殉乃天下所同認，但不可殺善人良臣而已。不知『三良』之殉，實踐酒酣時約，由於自動，而非強迫。後人不責『三良』自身，而追咎已死之穆公，是謂張冠李戴。」易氏說人殉是奴隸社會的通則，「三良」是自願為殉，不足為怪。以此責怪秦穆公，是張冠李戴。易白沙憎恨以往的統治者，包括秦國的「三良」，他當然對從死的「三良」絲毫也不惋惜。但他說「三良」是自動為秦穆公殉葬的，則不符合歷史事實。《史記・蒙恬列傳》載蒙恬之弟蒙毅說：「昔者秦穆公殺三良而死。」秦國的「三良」無疑是被殺死之後殉葬的。稍有史學知識的人都知道，自古人殉大都是被強迫受死的，非被殺死、被毒藥毒死即被捆綁活

埋。1976～1986 年考古發掘的陝西鳳翔秦公一號大墓，墓主可能是秦景公，殉有一百八十六人。考古工作者發現，秦公一號大墓裏的殉葬者所遺留的頭髮中，含有大劑量的砷、汞。這說明秦公一號大墓裏的殉葬者是被毒死的。

葬秦穆公大量使用人殉葬，且讓「三良」從死，這到底是秦穆公的遺囑，還是秦穆公的兒子秦康公自主所為？據司馬遷所言，是穆公遺囑的可能性較大。「穆公」的「穆」字，應作「繆」。《史記·蒙恬列傳》：「昔者秦穆公殺三良而死，罪百里奚而非其罪也，故立號曰『繆』。」若以「繆」為「謬」字的通假字，則「繆」是一個惡諡。這個惡諡對於秦穆公來說，得之不虧。

秦國的統治者深受戎狄的影響，實行人殉制度，人殉之風熾烈。秦國秦武公首開人殉的先例。《史記·秦本紀》：「武公卒，葬雍陽。初以人從死，從死者六十六人。」葬秦穆公用殉一百七十七人。秦公一號大墓用殉一百八十六人。到了戰國時期，秦獻公於其即位的當年（公元前 384 年），明令禁止人殉。《秦本紀》：「獻公元年，止從死。」這說明秦獻公是一個較開明的國君。可是，秦獻公以後的幾位國君並沒有禁殉。秦始皇死，殉葬的人數之多，在中國歷史上無與倫比。《史記·秦始皇本紀》載，下葬秦始皇時，「二世曰：『先帝後宮非有子者，出焉不宜。』皆令從死，死者甚眾。葬既已下，或言工匠為機，臧皆知之，臧重即泄。大事畢，已臧，閉中羨，下外羨門，盡閉工匠臧者，無復出者。」《漢書·楚元王傳》：「秦始皇帝葬於驪山之阿……人膏為燈燭，水銀為江河，黃金為鳧雁……又多殺宮人，生埋工匠，計以萬數。」秦國的人殉制度，見證了秦國君主的獰厲和殘暴。秦始皇的喪葬是否用了人殉，到底用了多少人殉葬，尚須考古發掘予以證實。

中國用活人殉葬始於夏朝之前，殷商猶盛。周朝用人殉的數量大為減少，但沒有杜絕。張之恒、周裕興《夏商周考古》述及西周墓葬的特徵：「以張家坡西周墓的統計資料為例，有人殉的墓不及墓葬總數的十分之一；西周早期墓有人殉現象的情況較為普遍，而西周晚期墓中少見或不見以人殉葬的情形。」《墨子·節葬》說：「天子殺殉，眾者數百，寡者數十；將軍、大夫殺殉，眾者數十，寡者數人。」這則材料也反映了春秋至戰國初期中原諸國貴族喪葬用殉的大致情況。

春秋戰國時期，中原地區興起了一股以人為本的思潮。當時，一些學者主張尊崇人類，愛護自然，懷疑鬼的存在。孔子便十分痛恨人殉制度。《孟子·梁惠王上》：「仲尼曰：『始作俑者，其無後乎！』為其象人而用之也。」孔子

連俑殉都不能容忍，何況用人殉？《孟子》中所記孔子這句反對用俑殉葬的話，至少可看作是孟子本人的意思。可見孟子也十分痛恨人殉制度。在先秦儒學經典中，反對用活人殉葬的思想是較為突出的。《禮記・檀弓下》記載了兩則故事：「陳子車死於衛，其妻與其家大夫謀以殉葬，定而後陳子亢至。以告曰：『夫子疾，莫養於下，請以殉葬。』子亢曰：『以殉葬，非禮也。雖然，則彼疾當養者，孰若妻與宰？得已，則吾欲已。不得已，則吾欲以二子者之為之也。』於是弗果用。」「陳乾昔寢疾，屬其兄弟而命其子尊己，曰：『如我死，則必大為我棺，使吾二婢子夾我。』陳乾昔死，其子曰：『以殉葬，非禮也，況又同棺乎？』弗果殺。」陳子車是齊國的大夫。陳子亢（即陳亢，字子元，一字子禽，又名原亢）是陳子車的弟弟，孔門弟子，小孔子四十歲，曾為單父宰。陳子亢採取「以其人之道治還其人之身」的辦法，巧妙地瓦解了其嫂、家大夫用活人為陳子車殉葬的計劃。不知陳乾昔是哪國人，他生病將死時，命其兒子陳尊己為他做一口特大的棺材，要求用兩個婢女為他殉葬。這事遭到了陳尊己的反對。陳尊己違抗父命，成功地保護了兩個婢女。陳子亢、陳尊己反對人殉的做法，無疑都是中國古代人文主義思想的一種表現。

晨風

駅彼晨風〔1〕，鬱彼北林〔2〕。
未見君子〔3〕，憂心欽欽〔4〕。
如何如何〔5〕，忘我實多〔6〕！

山有苞櫟〔7〕，隰有六駁〔8〕。
未見君子，憂心靡樂〔9〕。
如何如何，忘我實多！

山有苞棣〔10〕，隰有樹檖〔11〕。
未見君子，憂心如醉〔12〕。
如何如何，忘我實多！

【注釋】

〔1〕駅彼晨風：君子的大車「呼呼」地飛馳。駅，又作「鴥」，象聲詞，鳥疾飛的聲音。駅通飈。駅，喻母質部；飈，曉母物部。喻、曉通轉，質、物旁轉。飈，疾風聲。《說文》：「飈，疾風也。」《廣雅・釋詁》：「飈，疾也。」《玉篇・風

部》:「飇,疾風貌。」欻,《韓詩》作「鷸」。鷸亦通飇。鷸,喻母質部。欻又
通肆。肆,心母質部。喻、心通轉。《大雅・大明》:「肆伐大商,會朝清明。」
《毛傳》:「肆,疾也。」欻又通聿。聿,喻母物部。《文選》左思《吳都賦》:
「聿越巉嶮。」呂向《注》:「聿,疾也。」肆、聿與「飇」字音近,皆有「疾」
義。《小雅・采芑》:「欻彼飛隼,其飛戾天。」《小雅・沔水》:「欻彼飛隼,載
飛載止。」一說,「欻」為鳥疾飛之狀。《毛傳》:「欻,疾飛貌。」《說文》:「欻,
鷸飛貌。」《廣雅・釋詁》:「欻,飛也。」《廣韻・術韻》:「鴥,飛快。」彼,
指示代詞,那。晨風,鳥名,又稱「天雞」「錦雞」。晨通鷐。晨、鷐皆禪母文
部字。《魯詩》作「鷐」。風通鳳。風,幫母侵部;鳳,並母侵部。幫、并旁紐。
鳳,一種羽毛長且色彩斑斕的神鳥。《說文》:「鳳,神鳥也。」甲骨文「鳳」
字象長羽大鳥之形,借為「風」字。徐中舒《甲骨文字典》:「鳳,象頭上有叢
毛冠之鳥,殷人以為知時之神鳥。或加凡、兄以表音。卜辭多借為『風』字。」
郭沫若《殷契粹編》第 926 片甲骨卜辭:「其菁大鳳。」曹錦炎、沈建華《甲
骨文合集》第 13347 片甲骨乙段卜辭:「今日不鳳。」羅振玉《殷虛書契前編》
四・四三・一:「貞,翌丙子其有鳳。」東夷有風姓氏族,即鳳姓氏族。鳳鳥
本是中國東夷人一個氏族的圖騰。相傳太昊伏羲氏為風姓的始祖。《帝王世
紀》:「太昊帝庖犧氏,風姓也。」《左傳・僖公二十一年》:「任、宿、須句、
顓臾,風姓也。」魯僖公之母成風,向國須句人,風姓。風姓即鳳姓。《姓觿》
卷七「送韻」下:「鳳,《姓考》云『顓頊以鳥名官,有鳳鳥氏,後以官為氏。』」
晨風即鷐鳳,亦即振鳳,高飛戾天之鳥。鷐,禪母文部;振,照母文部。禪、
照旁紐。《說文》:「鷐,鷐風也。從鳥,晨聲。」段校《說文》:「翰,天雞也。
赤羽。從羽,倝聲。《逸周書》曰:『文翰,若翚雉。』一名鷐風,周成王時蜀
人獻之。」鳳凰的原形是彩羽山雞。秦人是東夷人的後裔。秦人供在陳倉神祠
內的「陳寶」(又稱「寶雞」),殆即秦文公所得到的一種長羽野雞形的彩色隕
石。此隕石是秦人藉以追思本族的遠古圖騰之物,故秦人以為寶。一說,「晨
風」即鷐。《毛傳》:「晨風,鷐也。」《魯說》:「晨風,鷐。晨,亦作鷐。」鷐,
飛隼類猛禽,無彩色羽毛。鷐、鷐雖音近,但它們非同一種鳥。毛說恐誤。此
歌詞的「晨風」代指某貴族男子去「北林」時所乘的精美車輛。周代貴族習慣
在車簾上繪飾山雞圖案。大概秦國貴族喜歡在車簾上繪飾鷐鳳圖案,故歌者以
「晨風」代指車簾上繪飾鷐鳳圖案的貴族車輛。此句歌詞的意思是,某個貴族
男子的車子馳得飛快。《毛傳》:「馳疾如晨風之飛入北林。」

〔2〕鬱彼北林：馳向國都北面那個鬱鬱蒼蒼的園林。鬱，本義為林木濃密茂盛。《毛
　　　傳》：「鬱，積也。」積，積聚。亦有茂密之義。段校《說文》：「鬱，木叢者。」
　　　北林，秦國雍都之北的園林。《毛傳》：「北林，林名也。」雍都北面的園林裏
　　　有婚戀集會，貴族乘車前往那裡參加求偶活動。

〔3〕未見君子：沒有見到「君子」時。君子，貴族男子。這是唱情歌的女子呼其婚
　　　戀對象。

〔4〕憂心欽欽：心中的憂愁難以舒緩。欽欽，即欿欿、坎坎、惂惂，形容心情起落
　　　不定的狀態。《魏風·伐檀》「坎坎伐輪兮」，《魯詩》作「欿欿伐輪兮」。欽，
　　　通惂、欿。欽，溪母侵部；惂、欿，溪母談部。侵、談旁轉。惂，憂愁。《毛
　　　傳》：「思望之，心中欽欽然。」《廣雅·釋詁》：「惂，憂也。」《說文》：「惂，
　　　憂困也。」《楚辭·哀時命》：「欿愁悴而委惰兮。」

〔5〕如何如何：為什麼呀為什麼呀。如何，即為何。如，通為。參見《蒹葭》注
　　　〔2〕。

〔6〕忘我實多：你忘記我太久了。忘，忘記，記不起來。我，歌者的自稱。實，確
　　　實。多，指日子多，時間長。「君子」和「我」原來有過婚戀交際，是舊友，
　　　故歌者才這樣說。

〔7〕山有苞櫟：山上生長著茂盛的櫟樹。苞，通茂。參見《唐風·鴇羽》注〔1〕。
　　　櫟，櫟樹，又叫麻櫟，柞樹。《毛傳》：「櫟，木也。」陸璣《毛詩草木疏》：「苞
　　　櫟：秦人謂柞為櫟。」

〔8〕隰有六駁：山下平地裏生長著高高的梓榆樹。隰，低濕之地。「隰」與「山」
　　　對文，「隰」指山下平地。六駁，高高的梓榆樹。六通蓼、陸。六、蓼、陸皆
　　　來母覺部字。蓼，高。《小雅·蓼蕭》「蓼彼蕭斯」《毛傳》：「蓼，長大貌。」
　　　《小雅·蓼莪》「蓼蓼者莪」《毛傳》：「蓼蓼，長大貌。」陸，高而平的土地。
　　　引申為高義。《爾雅·釋地》：「高平曰陸。」《說文》：「陸，高平地。」《衛風·
　　　考槃》「考槃在陸」《韓說》：「高平無水曰陸。」《小雅·天保》「如山如阜」《毛
　　　傳》：「高平曰陸，大陸曰阜，大阜曰陵。」駁，梓榆。陸璣《毛詩草木疏》：
　　　「駁馬，梓榆也。其樹皮青白駁犖，遙視似駁馬，故謂之駁馬。」一說，「六
　　　駁」為樟樹。晉崔豹《古今注·草木》：「山中有木，葉似豫章，皮多癬皴，名
　　　為六駁。」豫章，樹木名。指樟樹。

〔9〕憂心靡樂：心中的憂愁無法醫治。靡，通沒，沒有。樂，通藥。樂，來母沃部；
　　　藥，喻母沃部。來、喻準雙聲。藥，動詞，醫治。樂又通爍、療。爍，來母沃

部；療，來母宵部。沃、宵對轉。參見《陳風・衡門》注〔4〕。《陳風・衡門》：
「泌之洋洋，可以樂飢。」《韓詩外傳》卷二引《詩》：「泌之洋洋，可以療飢。」
此句歌詞是誇張的說法。

〔10〕山有苞棣：山上生長著茂盛的棠棣樹。棣，即常棣、棠棣，樹木名，果實大小
如櫻桃，可食，花如桃李。《毛傳》：「棣，唐棣也。」參見《召南・何彼襛矣》
注〔2〕。《召南・何彼襛矣》：「何彼襛矣，唐棣之華！」《小雅・常棣》：「常棣
之華，鄂不韡韡。」

〔11〕隰有樹檖：山下生長著梨樹。樹，形容詞，直立生長著的。此謂人所栽植。檖，
赤梨樹。《毛傳》：「檖，赤羅也。」羅通梨、檖。羅、檖，來母歌部；梨，來
母脂部。歌、脂旁轉。《爾雅・釋木》：「梨，山檖。」邢昺《疏》：「梨生山中
者名檖。郭云『即今梨樹』。言其在山之名則曰檖，人植之曰梨。」《玉篇・木
部》：「檖，山梨也。」一說，「檖」為酸梨。《爾雅・釋木》：「檖，蘿。」郭璞
《注》：「今楊檖也。實似梨而小，酢可食。」

〔12〕憂心如醉：心中憂愁使我走路踉蹌好像要醉倒的樣子。如醉，好像要醉倒的樣
子，不知東西南北。如，像。醉，飲酒過量。醉酒後意亂心迷，步履踉蹌。段
校《說文》：「醉，一曰酒潰也。」《王風・黍離》：「行邁靡靡，中心如醉。」
這句歌詞是極度誇張的說法。

【詩旨說解】

《晨風》是婚戀情歌歌詞。一個女子在趕往「北林」參加婚戀集會的途
中，恰好見到有一輛簾子上繪有鷐鳳圖案的豪華乘車從她的身邊飛馳而過。
她到達集會地點，才知道乘車的人乃是她原來的婚戀男友，於是便編唱了這
支情歌給他聽。

「山有……隰有……」「未見……憂心……」是婚戀情歌的標誌性語言。
「未見君子，憂心欽欽」「未見君子，憂心靡樂」「未見君子，憂心如醉」「如
何如何，忘我實多」——女子用這些話語來表示對其舊友的相思之情，要用
熾熱的戀愛語言打動她舊友的心，與他成婚姻之好。

無衣

豈曰無衣〔1〕？與子同袍〔2〕！
王于興師〔3〕，脩我戈矛〔4〕，與子同仇〔5〕！

豈曰無衣？與子同澤〔6〕！
王于興師，脩我矛戟〔7〕，與子偕作〔8〕！

豈曰無衣？與子同裳〔9〕！
王于興師，脩我甲兵〔10〕，與子偕行〔11〕！

【注釋】

〔1〕豈曰無衣：怎能說沒有衣裳穿？豈，通可、何，怎能。參見《召南·行露》注
　　〔2〕。曰，說。無衣，沒有衣服穿。

〔2〕與子同袍：我與你們共穿一件戰袍！子，你們，複數詞。此指軍中眾武士。
　　袍，夾層內充有舊綿絮的長衣。《毛傳》：「袍，襺也。」《爾雅·釋言》：「袍，
　　襺也。」《說文》：「袍，襺也。從衣，包聲。」「襺，袍衣也。從衣，繭聲。以
　　絮曰襺，以縕曰袍。」襺，夾層內充有新絲綿的長衣。縕，雜亂的舊絲、麻絮。
　　《釋文》：「縕，枲也。」縕通紊。縕，影母文部；紊，明母文部。影、明通轉。
　　紊，亂。《說文》：「紊，亂也。」「縕，紼也。」「紼，亂系也。」《段注》：「『紼，
　　亂枲也。』枲，各本作系，不可通。今正。亂枲者，亂麻也。」枲，麻。《尚
　　書·商書·盤庚》：「若網在綱，有條而不紊。」孔安國《傳》：「紊，亂也。」
　　孔穎達《疏》：「紊是亂絲，故為亂也。」《禮記·玉藻》：「纊為繭，縕為袍。」
　　鄭玄《注》：「纊，謂今之新綿也。縕，謂今纊及舊絮也。」鄭玄說，新絮舊絮
　　摻和在一起為「縕」。《漢書·蒯通傳》：「束縕請火。」顏師古《注》：「縕，亂
　　麻。」《玉篇·糸部》：「紊，亂也。」「縕，枲也；舊絮也；緜也；亂也。」《廣
　　韻·文韻》：「縕，亂麻。」《論語·子罕》：「衣敝縕袍。」鄭玄《注》：「縕，
　　絮也。」絮，粗絲綿。《說文》：「絮，敝緜也。」富人所穿的袍與窮人所穿的
　　袍不同。一般情況下，富裕者的袍多用新絲綿充裝，中產者的袍多用新絮舊絮
　　相摻充裝，貧寒者的袍則用亂麻舊絮充裝。

〔3〕王于興師：周天子要起兵打仗了。王，周王。于，通曰，語助詞。興師，組織
　　軍隊出征。《左傳·昭公十六年》：「興師而伐遠方。」《公羊傳·定公四年》：
　　「欲興師而伐楚。」此句歌詞所說的這次周王興師是在冬天。

〔4〕脩我戈矛：快快整治好我們的戈和矛。脩，本義為長條乾肉。《說文》：「脩，
　　脯也。」「脯，乾肉也。」《正字通·未集·肉部》：「脩，肉條。割而乾之也。」
　　脩通修。脩、修皆心母幽部字。修，本義為加工物品打磨光潔。引申為整治、
　　修理之義。《說文》：「修，飾也。從彡，攸聲。」《段注》：「飾即今之『拭』字。

拂拭之則發其光彩。」《釋名‧釋言語》:「飾,拭也。」《大雅‧抑》:「脩爾車馬,弓矢戎兵。」《大雅‧常武》:「整我六師,以脩我戎。」我,我們的。戈矛,統指兵器。戈,一種長柄橫刃兵器。矛,戰車上的長兵器。《毛傳》:「戈長六尺六寸,矛長二丈。」《說文》:「矛,酋矛也。建於兵車,長二丈。」《周禮‧冬官‧考工記》:「戈柲六尺有六寸。」「酋矛常有四尺。」《逸周書‧王會解》:「操弓執矛。」朱右曾《周書集訓校釋》:「矛,刺兵也。酋矛長常有四尺,夷矛三尋。」《魯頌‧閟宮》:「公車千乘,朱英綠縢,二矛重弓。」《鄭箋》:「二矛重弓,備折壞也。兵車之法,左人持弓,左人持矛,中人御。」常,一丈六尺;尋,八尺。周制酋矛柄長二丈,夷矛柄長二丈四尺。

〔5〕與子同仇:我與你們同伴而行!同仇,同伴。仇通讎。仇,群母幽部;讎,禪母幽部。群、禪通轉。讎,二鳥在一起。借指二人在一起,伴侶之義。《韓詩》作「讎」。讎同讎。讎通讎。讎,禪母幽部。《毛傳》:「仇,匹也。」《爾雅‧釋詁》:「仇,匹也。」匹,伴侶。「同仇」與「偕作」「偕行」同義。

〔6〕與子同澤:我與你們共享一件襗衣!同澤,共穿一件襗衣。澤通襗。澤、襗皆定母鐸部字。襗,脛衣。《齊詩》作「襗」。《說文》:「襗,絝也。」「絝,脛衣也。」《段注》:「今所謂套褲也。左右各一,分衣兩脛。」古代的絝不連襠。朱駿聲《說文通訓定聲‧豫部》:「絝,脛衣也,從糸,誇聲。字亦作『袴』。今蘇俗謂之『套褲』,古又名『襗』。」絝,又作「袴」「絝」。《釋名‧釋衣服》:「袴,跨也。兩股各跨別也。」《集韻‧莫韻》「絝」字,又作「袴」「絝」。一說,襗為長襦。《廣雅‧釋器》:「襗,長襦也。」襦,短襖。長襦即長襖,與袍相似,少絲綿,比袍薄。若依此解,則「襗」是袍的別稱。一說,「襗」為褻衣。《鄭箋》:「襗,褻衣,近污垢。」褻衣不與他人共享。

〔7〕矛戟:泛指兵器。戟,矛與戈合二為一的兵器,能直刺、橫擊。《說文》:「戟,有枝兵也。從戈、幹。《周禮》:『戟長六尺。』讀若棘。」戟,今作「戟」。

〔8〕與子偕作:我與你們一同上戰場!偕作,一同上戰場,一起投入戰鬥。偕,一起、共同。參見《邶風‧擊鼓》注〔16〕。作,本義為做衣。引申義為行動、幹事之義。《毛傳》:「作,起也。」《說文》:「作,起也。」參見《鄘風‧定之方中》注〔2〕。

〔9〕同裳:同穿一件下衣。春秋以前的裳,似筒裙。兵士冬天的下衣有裳和襗。

〔10〕甲兵:鎧甲和兵器。甲,甲骨文字作「十」,象田界之形;戰國古文、小篆象人頭鎧之形,甲聲。甲通介。甲,見母盍部;介,見母月部。盍、月通轉。

介，甲骨文字象人身著鎧甲之形。參見《鄭風・清人》注〔2〕。兵，兵器。
《說文》：「兵，械也。从廾持斤，並力之貌。」《大雅・抑》：「脩爾車馬，弓
矢戎兵。」賈誼《過秦論》：「收天下之兵，聚之咸陽，銷鋒鏑，鑄以為金人
十二。」

〔11〕偕行：一同赴前方。行，行進。《毛傳》：「行，往也。」《說文》：「行，人之步
趨也。」

【詩旨說解】

　　《無衣》是秦軍誓師樂歌歌詞。周代，每出兵打仗都要召開誓師大會，
率領軍隊出征的軍事主將在大會上發布訓詞，作戰前動員，或有樂工演唱樂
歌，以鼓舞士氣。《尚書・周書・牧誓》：「時甲子昧爽，王朝至于商郊牧野，
乃誓。王左杖黃鉞，右秉白旄以麾，曰：『逖矣，西土之人！』王曰：『嗟！我
友邦冢君、御事司徒、司馬、司空，亞旅、師氏，千夫長、百夫長，及庸、蜀、
羌、髳、微、盧、彭、濮人，稱爾戈，比爾干，立爾矛，予其誓！』」《牧誓》
反映了周武王戰前召開誓師大會作動員的情形，據研究者說，《牧誓》是周樂
《大武》中周武王的扮演者代表武王對扮演武士的八佾舞者所作的「訓詞」。
（楊華《〈尚書・牧誓〉篇新考》，《貴州社會科學》1996 年第 5 期）當年周武
王率領征商大軍在牧野召開誓師大會，場面壯觀，武王作戰前動員的口氣威
猛而嚴厲。秦國作為東周王朝的一個諸侯國，也要為周王出兵作戰，出征之
前也要召開誓師大會，為取得戰役的勝利做充分的精神準備。

　　《無衣》這篇歌詞，表達了秦軍主帥與將士共患難、共存亡的決心，表
露了秦軍作戰必勝的意志。由此歌詞可以窺見，秦軍當時的裝備不足，但它
卻是一支士氣旺盛、紀律嚴明、有作戰勇氣的軍隊。

　　禮樂歌詞一般都是卿大夫或大樂師所作。此歌詞亦不例外。一說，此歌
詞是秦哀公所作。清王夫之《詩經稗疏・秦風・無衣》：「此詩哀公為申包胥作
也。」《左傳・定公四年》：「昭王在隨，申包胥如秦乞師，……立，依於庭牆
而哭，日夜不絕聲，勺飲不入口七日。秦哀公為之賦《無衣》，（申包胥）九頓
首而坐。秦師乃出。」《左傳》中賦詩者所賦之詩，一般都是先前已有的詩，
非自作詩。《無衣》中有「王于興師」一句，說明秦人是為周王朝出兵打仗的，
而不是為楚國出兵打仗。秦哀公所賦《無衣》，非其自作。他只是用秦國已有
的樂歌歌詞來表達秦國願意出兵救楚的外交意見而已。

渭陽

我送舅氏〔1〕，曰至渭陽〔2〕。
何以贈之〔3〕？路車乘黃〔4〕。

我送舅氏，悠悠我思〔5〕。
何以贈之？瓊瑰玉佩〔6〕。

【注釋】

〔1〕我送舅氏：我送別我的舅舅。我，秦穆公太子嬴罃的自稱。秦穆公死後，太子嬴罃即位，是為康公。舅氏，即舅父，母親的兄弟。此指晉國公子重耳（日後為晉君。諡文公）。《毛傳》：「母之昆弟曰舅。」昆弟，兄弟。昆，兄。參《王風·葛藟》注〔10〕。太子嬴罃是秦穆公夫人穆姬所生。穆姬是晉公子重耳同父異母的姐姐，故太子嬴罃稱重耳為「舅氏」。《毛詩》序下《孔疏》：「秦康公之母，是晉獻公之女。文公者，獻公之子，康公之舅。……謂舅為氏者，以舅之與甥，氏姓必異，故《書傳》通謂為舅氏。」重耳亦稱其舅父狐偃為「舅氏」。《左傳·僖公二十四年》：「公子（即重耳）曰：『所不與舅氏同心者，有如白水！』」《國語·晉語·秦伯納重耳於晉》：「所不與舅氏同心也，有如河水！」

〔2〕曰至渭陽：從雍城來到渭陽之地。曰至，《魯詩》作「至于」。曰，語助詞。至，到。渭陽，渭水北岸。水北為陽。此指渭水北岸咸陽一帶。《鄭箋》：「渭，水名也。秦是時都雍。至渭陽者，蓋東行送舅氏於咸陽之地。」

〔3〕何以贈之：用什麼贈送給他。何以，即以何，用什麼。贈，將珍貴物品送給別人。《毛傳》：「贈，送也。」《說文》：「贈，玩好相送也。」

〔4〕路車乘黃：贈給他一輛大車和四匹黃色的高頭大馬。路車，大車。諸侯、貴族行路用大車。路通輅。路、輅皆來母鐸部字。輅，大車。《玉篇·車部》：「輅，大車。」路通陸。路，來母鐸部；陸，來母覺部。鐸、覺旁轉。陸，高大之義。一說，「輅車」是長行於道路之車。《釋名·釋車》：「輅亦車也。謂之輅者，言行於道路也。」乘黃，四匹黃馬。《毛傳》：「乘黃，四馬也。」《鄭風·大叔于田》：「叔于田，乘乘黃。」周制，王贈諸侯「路車乘馬」。《小雅·采菽》：「雖無予之，路車乘馬。」《大雅·崧高》：「王遣申伯，路車乘馬。」《大雅·韓奕》：「其贈維何，乘馬路車。」秦穆公和太子嬴罃贈送重耳「路車乘馬」，如王贈送諸侯車馬之制。這是期望重耳回到晉國後成為國君。

〔5〕悠悠我思：我會深深地思念你。悠悠，深深思念的樣子。參見《邶風·終風》
　　注〔8〕。我，太子嬴罃自稱。

〔6〕瓊瑰玉佩：就送給你一副玉佩留念吧。瓊瑰，美石。《毛傳》：「瓊瑰，石而次
　　玉。」瓊，形容詞，美。《孔疏》：「瓊者，玉之美名，非玉名也。」瑰，黑色
　　的美石。瑰通玖。瑰，見母微部；玖，見母之部。微、之通轉。玖，黑色玉石。
　　《王風·丘中有麻》：「貽我佩玖。」《毛傳》：「玖，石次玉者。」《說文》：「玖，
　　石之次玉黑色者。從玉，久聲。《詩》曰：『貽我佩玖。』」玉佩，通指腰間佩
　　掛的玉飾品。

【詩旨說解】

　　《渭陽》是秦穆公和太子嬴罃送別重耳歸晉國的禮儀樂歌歌詞。此樂歌
為太子嬴罃所唱，或有樂工助唱。

　　晉獻公十一年（公元前 666 年），晉獻公攻打驪戎，得驪戎美女驪姬，
立其為夫人，生子奚齊。晉獻公暮年時，驪姬欲立其子奚齊為太子，設計陷
害諸公子，晉國發生了「驪姬之亂」。公子重耳率領趙衰、狐偃、先軫、魏
犨、介之推等人，逃出了晉國，到國外避難。他們先入狄，再到衛、齊、曹、
宋、鄭、楚，漂泊數國，最後流落到了秦國。秦穆公是重耳的同父異母姐姐
穆姬的丈夫，待重耳甚厚。自晉獻公二十二年（公元前 655 年）重耳逃亡到
狄國算起，到晉惠公末年（公元前 636 年）他從秦國返回晉國，共在國外漂
泊了十九年。晉惠公、懷公既得罪於秦國，又為晉國的國人所厭惡。晉國人
翹首盼望重耳回國執政。秦穆公看準了這一時機，決定送重耳返回晉國。秦
穆公和太子嬴罃親自送重耳歸國，一直送到涇渭交匯處，在那裡舉行了一個
送別儀式，鄭重地與重耳作別。秦穆公非常重視秦、晉兩國的關係，希望通
過改善秦、晉兩國的關係，使秦國獲得戰略上的主動性。他把重耳歸國當成
一件大事來辦。為了能使重耳風光體面地歸國執政，他贈送重耳以「路車」
「乘黃」，讓重耳在即位之前就享受到國君級別的待遇。太子嬴罃則贈送給
重耳「瓊瑰玉佩」，以表示加重與重耳的個人關係，以圖日後能獲得晉國對
他的支持。渭陽作別之後，太子嬴罃返回了雍城，秦穆公親自率領軍隊護送
重耳入晉國，讓重耳與前來迎接他的晉軍會合。《古本竹書紀年》：「晉惠公
十五年，秦穆公帥師送公子重耳，涉自河曲。」《左傳·僖公二十四年》：「二
十四年春，王正月，秦伯納之……濟河，圍令狐，入桑泉，取臼衰。二月甲

午，晉師軍于廬柳。秦伯使公子縶如晉師，師退，軍于郇。辛丑，狐偃及秦、晉之大夫盟于郇。壬寅，公子入于晉師。丙午，入于曲沃。丁未，朝于武宮。戊申，使殺懷公于高梁。」在秦穆公的大力支持下，重耳在河曲（今山西省永濟縣蒲州到芮城縣風陵渡一帶）渡河入晉，順利回到曲沃城做了晉國的國君。

　　《毛詩》序：「《渭陽》，康公念母也。康公之母，晉獻公之女也。文公遭驪姬之難，未返而秦姬卒。穆公納文公，康公時為太子，贈送文公于渭之陽，念母之不見也。我見舅氏，如母存焉。及其即位，思而作是詩也。」太子嬴罃所思的是其舅重耳，並非其母穆姬。《毛詩》序的作者不知《渭陽》是外交送別樂歌，故有此謬說。

權輿

於，我乎〔1〕！夏屋渠渠〔2〕。
今也〔3〕，每食無餘〔4〕。
于嗟乎〔5〕！不承權輿〔6〕！

於，我乎！每食四簋〔7〕。
今也，每食不飽〔8〕。
于嗟乎！不承權輿〔9〕！

【注釋】

〔1〕於，我乎：啊，我哈！於，語氣詞，表示感歎。於，古與「烏」同，烏鴉的象形字。於通嗚。於、嗚皆影母魚部字。《史記·李斯列傳》：「歌呼嗚嗚快耳目者，真秦之聲也。」我，自稱。乎，相當於現代漢語的「哈」，感歎詞。乎，匣母魚部。

〔2〕夏屋：像房屋形狀的大俎，貴族的餐具。夏，訓大。《毛傳》：「夏，大也。」《爾雅·釋詁》：「夏，大也。」《方言》第一：「夏，大也。……自關而西秦晉之間凡物之壯大者而愛偉之謂之夏，周鄭之間謂之嘏。」屋，一種飲食器具，其形狀像房屋。《鄭箋》：「屋，具也。」《魯頌·閟宮》：「籩豆大房。」《毛傳》：「大房，半體之俎也。」《鄭箋》：「大房，玉飾俎也。其制足間有橫，下有柎，似堂後有房然。」《禮記·明堂位》：「俎，有虞氏以梡俎，夏后氏以嶡俎，殷以椇，周以房俎。」梡，有四條直足的案板。嶡與梡相似，四足之間有橫木。

棋通曲，曲足之義。棋，見母侯部；曲，溪母屋部。見、溪旁紐，侯、屋對轉。
《集韻·曠韻》：「棋，一曰俎曲足而下。」一說，「夏屋」即大屋，大房子。
《魯說》：「夏，大屋也。」陳奐《傳疏》：「夏屋，大屋也。」渠渠，高。渠通
蘧、翹、嶢。渠、蘧，群母魚部；翹，群母宵部；嶢，疑母宵部。群、疑旁紐，
魚、宵旁轉。《魯詩》作「蘧蘧」。《文選·魯靈光殿賦》「揭蘧蘧而騰湊」李善
《注》引崔駰《七依》曰：「夏屋蘧蘧，高也，音渠。」王先謙《集疏》：「渠、
蘧字通。《左氏春秋》定十五年『齊侯次於渠蒢』，《公羊》作『蘧蒢』。」《豳
風·鴟鴞》：「予室翹翹。」《說文》：「嶢，高也。」一說，「渠渠」為「盛」義。
《魯說》：「渠渠，盛也。」這是一種揣摩文意的解釋。在此歌詞中，言高即言
盛。貴族所用的俎高大，顯得其排場闊氣。

〔3〕今也：現在呀。今，今天。也，語氣助詞，相當於現代漢語的「呀」。

〔4〕每食無餘：每頓都吃不飽。每食，每餐，每一頓飯。無餘，無多餘的食物。謂
吃不飽。《說文》：「餘，饒也。」《戰國策·秦策五·濮陽人呂不韋賈於邯鄲》：
「今力田疾作，不得暖衣餘食。」高誘《注》：「餘，饒。」《廣韻·魚韻》：「餘，
殘也，賸也。」《集韻·蒸韻》：「賸，餘也。俗作剩。」

〔5〕于嗟乎：重而長的感歎語氣。于嗟，感歎詞。參見《周南·麟之趾》注〔3〕、
《召南·騶虞》注〔3〕。「于嗟」加「乎」，以與句末「輿」字協韻。乎，《魯
詩》作「胡」。《爾雅》「權輿」下郭璞《注》引《詩》作「胡不承權輿」，誤。

〔6〕不承權輿：不能繼續享受以前的待遇了。指沒有以前的排場和闊氣。不承，不
繼承，不能延續。承，甲骨文、金文字象人跪跽雙手捧物之形，會奉接之意。
《說文》：「承，奉也，受也。」承通繩。承，禪母蒸部；繩，神母蒸部。禪、
神旁紐。繩，接續、繼承。《毛傳》：「承，繼也。」朱駿聲《說文通訓定聲·
升部》：「繩，假借為承。」《楚辭·招魂》：「朱明承夜兮，時不可淹。」王逸
《注》：「承，續。」《大雅·下武》：「繩其祖武。」朱熹《集傳》：「繩，繼。」
權輿，本義為黃芽，草木的萌芽。引申為初時、當初之義。《毛傳》：「權輿，
始也。」權，通萰。權，群母元部；萰，透母元部。群、透通轉。萰，初生的
黃芽。萰通團。團，定母元部。透、定旁紐。植物在土裏的芽，多團曲而色黃。
故「萰」字有黃色之義。《爾雅·釋草》：「權，黃華。」《釋木》：「權，黃英。」
《說文》：「權，黃華木。」「萰，黃黑色也。」「黑」字蓋是衍文。《廣雅·釋
器》：「萰，黃也。」《玉篇·木部》：「權，黃英木也。」輿，通芽。輿，喻母
魚部；芽，疑母魚部。喻、疑通轉。芽，草剛長出來的幼體，黃色。《說文》：

「芽，萌芽也。从艸，牙聲。」聞一多《詩經通義·乙》引王國維《觀堂集林》
五之三：「《釋草》：『其萌虆藬。』《釋蟲》：『蠸輿父，守瓜。』《釋詁》：『權輿，
始也。』按權及權輿，皆本黃色之名。《釋草》：『權，黃華。』《釋木》：『權，
黃英。』其證也。蟲之蠸輿父，《注》以為瓜中黃甲小蟲。是凡黃色者謂之權，
長言之則為權輿矣。余疑權即　之初字。《說文》：『黇，黃黑色也。』《廣雅》：
『黇，黃也。』今驗草木之萌芽，無不黃黑者。故兼葭之萌謂之『虆藬』。引
申之則為凡草之始，《逸周書·文酌解》『一幹：勝權輿』、《大戴禮·誥志篇》
『百草權輿』是也。又引申為凡物之始，《詩·秦風》『不承權輿』、《逸周書·
日月解》『日月權輿』是也。『始』之義行而『黃』之義廢矣。《爾雅·釋草》：
「其萌虆藬。」王國維認為，傳本《爾雅》的「其萌虆」應與下文的「藬」字
相連成文，「虆藬」即「權輿」。《大戴禮記·誥志》：「於時冰泮，發蟄，百草
權輿。」《後漢書·魯恭王傳》：「今始夏，百穀權輿。」《晉書·戴邈傳》：「今
天地告始，萬物權輿。」

〔7〕每食四簋：每餐送來用四個簋盛著的飯食。四簋，指四個簋所盛的食物。《毛
　　傳》：「四簋，黍稷稻粱。」黍稷稻粱由四簋分別盛之。簋，盛食物的容器。其
　　口圓，兩耳或四耳，竹、木、青銅或陶製。簋常作為禮器使用，也是生活實用
　　器具。簋圓簠方。大夫餐食用五鼎四簋。「每食四簋」是秦國大夫飲食的規格。
　　歌者說他原先用餐時享受「每食四簋」的待遇。

〔8〕每食不飽：每頓都吃不飽。

【詩旨說解】

　　《權輿》是怨歌歌詞。秦國一個舊大夫原先很闊綽，用餐的標準也很高，
「夏屋渠渠」「每食四簋」。如今他的家族沒落，他用餐的標準也有大幅度的
下降，到了「每食無餘」「每食不飽」的地步。因此，他作歌傾吐怨情。歌者
極度留戀他昔日的幸福生活，報怨現實生活太糟糕了。

　　此歌詞表現了一個沒落貴族成員低落的思想情緒。戰國時，孟嘗君的門
客馮諼報怨他不受孟嘗君重視，彈鋏而唱「長鋏，歸來乎！食無魚」「長鋏，
歸來乎！出無車」。《權輿》與《彈鋏之歌》似為同調之作，但馮諼比這個唱
《權輿》歌的秦國舊大夫有進取精神。